Lerne Fühlen!

MIEKE MOSMULLER

LERNE FÜHLEN!

OCCIDENT VERLAG

Band MM 60

Occident Verlag
Geerstraat 1
5111 PS Baarle Nassau
Niederlande

Telefon: +31 (0)13 - 507 99 48
E-Mail: info@occident-verlag.de
Internet: www.occident-verlag.de

Grafische Gestaltung: Frenchmade BV, Niederlande
Umschlagbild: Ruth Franssen

ISBN/EAN: 978-3-946699-19-4

INHALT

EINFÜHRUNG

In dem Büchlein mit dem Titel 'Lerne Denken!' habe ich mich bemüht, so kurz und bündig wie möglich eine Reihe von Übungen zu geben, die, wenn man sie wirklich macht, zur Entwicklung eines besseren, intelligenteren, konzentrierteren und wahrhaftigeren Denkens führen können.

Nun ist es so, dass, wenn man mit dem Denken der Beobachtung mit den Sinnen treu und konzentriert folgt, man sich im Prinzip in der Wahrheit befindet, auch wenn die Fähigkeit zu verstehen oft nicht ausreicht, zu sehen, was vor sich geht. Ich habe als Beispiel die Corona-Krise genommen, bei der man ja mit Nachrichtenberichten darüber konfrontiert wurde, und dann auch mit allen möglichen Konsequenzen. Wir haben gesehen, wie stark diese Krise die Menschheit polarisiert hat. Es gibt einen Teil der Bevölkerung, der die Meldungen aus den Medien und der Politik voll unterstützt und voll mitmacht, auf der anderen Seite gibt es die Kritiker, und dazwischen gibt es eine Gruppe, die das eine und das andere irgendwie bejaht. Aber welche dieser drei Gruppen ist wirklich in der Wahrheit? Wie gesagt, wenn man konzentriert und genau verfolgt, was geschieht, kann man sicher sein, dass man insofern in der Wahrheit ist. Aber die Interpretation davon ist noch etwas anderes, und genau das ist es, was man als Mensch braucht; die Fakten so zu interpretieren, dass diese Interpretation auch wahr ist. Und dann ist es natürlich rätselhaft, dass es zu ein und demselben Ereignis so unterschiedliche Standpunkte geben kann. Wenn man mit seinem Denken den Tatsachen folgt, ist man in der Wahrheit. Ich kann das nicht oft genug wiederholen. Aber was diese

Wahrheit bedeutet, kann nicht durch Denken bestimmt werden. Dem Denkprozess muss noch etwas hinzugefügt werden, damit dieser Denkprozess auch eine Gewissheit hinsichtlich dessen, was wahr oder falsch ist, erleben kann. Aristoteles, der Philosoph des frühen Denkens, schrieb ein Buch über die Interpretation. Es handelt sich um ein klassisches philosophisches Werk, in dem er auf seine eigene Art und Weise darlegt, was Interpretation genau ist, welche Probleme die Menschen mit der Interpretation haben und welche Fehler gemacht werden können.

Während sich dieser ganze Prozess scheinbar im Verstand abspielt, gibt es im Menschen eine tiefere Schicht, wo die Gewissheit von der Wahrheit oder Unwahrheit erlebt wird. Und man kann mit Sicherheit sagen, dass die Wahrheit nicht im Denken, sondern im Erleben des Denkens zu finden ist. Erleben ist eine Frage des Gefühls. Menschliche Gefühle sind etwas, das der Mensch von Natur aus hat. Auch das Wahrnehmen geschieht mehr oder weniger von selbst, aber aufmerksam zu sein ist eine Frage des Willens, der Anstrengung. Das Bilden von Gedanken ist ebenfalls eine Selbstverständlichkeit, aber etwas zu verstehen, indem man sich darauf konzentriert und nach seiner Bedeutung sucht, ist eine Frage des Willens. Es ist kein solches Gefühl der Anstrengung, um Bewusstsein und Denken zu erlangen, im Fühlen notwendig. Gefühle zwingen sich einem auf. Das macht das Leben oft schwer. Vor allem, wenn die Gefühle negativ sind und sich einem aufdrängen. Dann ist man unglücklich und leidet. Man könnte sagen, dass es so weit kommen könnte, dass man sich über die Wahrheit freut und über die Unwahrheit traurig und unzufrieden ist. Aber man kann nicht einfach sagen, dass bestimmte Fakten, die man erhält und mit denen man zufrieden ist, immer wahr sind und wenn man damit unzufrieden ist, sie nicht wahr sind. Gefühle sind sehr subjektiv.

Wir sagen 'Geschmäcker sind verschieden'. Mir gefällt das, während Sie es hässlich finden. Ich mag diese Art von Musik, während sie Ihnen nicht gefällt. Ich glaube, dass es wahr ist, und für Sie ist es offensichtlich, dass es unrichtig ist. Aber während man mit dem Unterschied im Geschmack leben kann, kann man nicht mit dem Unterschied in der Wahrnehmung der Wahrheit über dasselbe Phänomen leben. Und das hat damit zu tun, dass jeder Mensch in seinem tiefsten Innern weiß, dass etwas *nicht* gleichzeitig wahr und unwahr sein kann. Es kann in bestimmten Aspekten wahr und falsch sein. Aber die gesamte Interpretation kann nicht gleichzeitig wahr und unwahr sein. Und wenn ich davon überzeugt bin, dass etwas wahr ist, und Sie gleichzeitig davon überzeugt sind, dass es nicht wahr ist, dann befindet man sich als Mensch in einer großen Machtlosigkeit. Dies kann zu Diskussionen führen, in der Hoffnung, den anderen davon zu überzeugen, dass man recht hat. Aber die Kraft des Erlebens von Wahrheit und Unwahrheit ist meist so groß, dass eine solche Diskussion ins Leere läuft.

Es kann nicht sein, dass die Interpretation einer bestimmten Tatsache oder eines bestimmten Ereignisses dazu führt, dass eine Person zu dem Schluss kommt: 'Das ist wahr' und die andere zu dem Schluss: 'Das ist nicht wahr', und dass beide recht haben. Worauf beruht die Wahrnehmung der Wahrheit?

Mit dem Denken folgt man den Tatsachen. Die Interpretation dessen ist eine Kunst für sich. Aber jeder Mensch hat auch ein Erlebnis, wenn er bestimmte Fakten aufnimmt. Und in diesem Erleben glaubt man zu wissen, ob etwas wahr ist oder nicht, oder ob man es nicht beurteilen kann.

Wo ist die Schicht unter dem Denken, wo das Wahrheitserleben wohnt? Diese Schicht ist das Gefühlsleben. Und wie ich schon sagte, Gefühle kommen passiv. Sie kommen von selbst. Man möchte sie gerne erwecken, zum Beispiel, damit man immer fröhlich und glücklich ist. Aber das ist nicht möglich, Gefühle kommen in einen hinein, überwältigen einen manchmal. Und in diesem Bereich der Gefühle liegt die Wahrnehmung der Wahrheit verborgen. Soweit die Wahrheit mit direkten Tatsachen zu tun hat, haben wir damit kein Problem. Dass zwei plus zwei für alle gleich vier ist, kann man beweisen, indem man zu zwei Gegenständen zwei weitere hinzufügt, sie zählt und dann sind es vier. Aber ein bestimmter Artikel in der Zeitung, den man liest und mit anderen Zeitungen oder mit Berichten über dasselbe Ereignis gestern oder letzte Woche vergleicht, dabei spielt so viel eine Rolle, dass man nicht einfach wissen kann, ob das, was man liest und gelesen hat, wahr ist. Und da sich das, was man für wahr hält, von dem unterscheiden kann, was jemand anderes für wahr hält, ist es verständlich, dass man in philosophischen Kreisen an der Existenz der Wahrheit an sich zweifelt.

In diesem zweiten Büchlein, das den Titel 'Lerne Fühlen!' tragen soll, möchte ich die Technik anhand einer Reihe von Übungen besprechen, um zu einem aktiven Erleben der Wahrheit zu gelangen. Dieses Erleben lebt im Gefühl. Mit der Wahrheit ist nicht zu spaßen, mit ihr darf nicht gespielt werden, und man kann sie nicht anders machen, als sie ist, denn dann ist man ein Lügner. Die Wahrheit hat mit dem Erleben zu tun, und das Erleben liegt im Gefühl. Der Sinn für Wahrheit ist von selbst da. Man muss nur lernen, sich für das Erleben der Wahrheit zu öffnen.

UNTERSCHEIDUNGEN IM FÜHLEN

DIE ERSTE ÜBUNG

Nun möchte ich dieses Büchlein so gestalten, dass ich *keine* Aussagen über den Zusammenhang zwischen Wahrheit und Gefühlsleben mache, sondern dass ich zu einer Reihe von Übungen aufrufe, die jeder, der es möchte, machen kann, und die dem Übenden persönlich bewusst machen, wie Wahrheit mit dem Gefühlsleben erkannt wird. Außerdem wird sich zeigen, dass in den Gefühlen viel mehr verborgen ist.

Es ist klar, dass die Art von Gefühl, von der ich spreche, nicht an der Oberfläche liegt. Denn wenn es so wäre, würden alle Menschen sich von selbst zustimmen, weil sie im Gefühlsleben einen Sinn hätten, an dem sie sofort erkennen würden, ob etwas wahr ist oder nicht. Es ist klar, dass dies nicht der Fall ist. Daraus könnte man schließen, dass es unmöglich ist, sich gegenseitig zuzustimmen. Aber so wie wir bei Wahrnehmungsübungen mit den Sinnen feststellen, dass es in uns eine ganze Welt von Verzerrungen gibt, die die Wahrnehmung nicht rein machen, so ist es auch mit dem Gefühl. Wenn man ungeschulte Gefühle als Wahrheitssinn ansieht, führt das zu einer trennenden Wirkung, nicht zu einer, die die Menschen vereint. Es ist sehr einfach zu sagen: 'Ja, aber ich fühle so.' Und damit wird eine Art Machtspruch verkündet: Fassen Sie es nicht an, es ist mein Gefühl, und ich weiß, was wahr ist und was nicht wahr ist.

Durch Übung werden wir entdecken, dass das bloße Fühlen von etwas nicht zur Wahrheit führt. Ich möchte noch einmal hervorheben, was in der alten Schrift 'Bhagavad

Gita' über die Hürde gesagt wird, die der Mensch überwinden muss, um Weisheit zu erlangen. Ich habe diese Passage aus der 'Bhagavad Gita' zitiert, in der Krishna Arjunas Frage im Zusammenhang mit dem Denken beantwortet. Aber man kann in ähnlicher Weise in Bezug auf das Fühlen sagen, dass es eine Begierdenwolke um den Menschen gibt, die ja im Fühlen noch viel mehr vorhanden ist als im Denken, und diese Wolke führt dazu, dass man nicht rein im Fühlen urteilt. Seitdem das Selbstbewusstsein der Menschheit wächst, stellt sich die Frage, wie man reines Bewusstsein erreichen kann, immer stärker.

Wenn man wirklich sinnvolle Antworten finden will, muss man sie bei den großen Lehrern der Menschheit suchen, und man muss sie in der Weisheit der alten Mysterien suchen, in denen es noch Meister, Eingeweihte, gab, die einen Einblick in die Urschuld der Menschheit hatten. Eine Schuld, die der Mensch tatsächlich *ohne* eigenes Verschulden trägt. Dies ist ein äußerst kompliziertes religiöses Thema, aber wir alle wissen naiv, dass wir in Meinungen und Vorurteilen verstrickt sind, die auf Sympathie und Antipathie beruhen. Und das sind die beiden Pole, die im Gefühlsleben vorherrschen. Wenn jeder Mensch Sympathie und Antipathie auf die richtige Weise empfände, gäbe es keine Meinungsverschiedenheiten darüber, was wahr ist und was nicht. Aber so ist es nicht. Der erste Schritt, den wir tun müssen, ist zu erkennen, dass wir in unserem Gefühlsleben von einer Begierdenwolke umhüllt sind, einem Erleben von Sympathie und Antipathie, das direkt in uns entsteht, und dass wir keine Möglichkeit haben, anhand unserer Gefühle zu erkennen, ob etwas wahr ist oder nicht.
Ein großer Teil der Wahrheit lebt direkt in der Wahrnehmung und dem Denken.
Wenn man das üben will, kann man die zwölf Übungen

in dem Büchlein 'Lerne Denken!' machen. Aber es bleibt ein großer Bereich, vielleicht der größte Bereich überhaupt, in dem Wahrnehmung und Denken nicht bestimmen können, ob etwas wahr ist oder nicht. Dafür braucht man den Wahrheitssinn des Gefühls, des Erlebens. Und dieser Sinn wird durch persönliche Sympathie und Antipathie, durch persönliche Gier, Begierde und so weiter getrübt. Der Bereich, in dem die Wahrheit unter dem Deckmantel von Sympathie und Antipathie verborgen liegt, ist vor allem dort, wo es um Inhalte geht, die nicht direkt wahrgenommen werden können, und wir haben in der Medienberichterstattung ein großes Feld, um diesen Bereich der Wahrheit und Unwahrheit kennenzulernen.

Die erste Übung sollte daher darin bestehen, einen Text aus einem Nachrichtenbericht oder einer gesprochenen Nachricht genau zu betrachten und auf die dabei auftretenden Gefühle zu achten. Sehr sorgfältig. Wir nehmen den Text, lesen ihn Zeile für Zeile und achten darauf, welche Palette von Gefühlen auftaucht. Wie gesagt, das kommt von selbst, dafür muss man nicht besonders aktiv sein. Die Aufgabe besteht darin, den Text aufmerksam zu lesen und auf die entstehenden Gefühle zu achten. Die Gefühle entstehen spontan. Versuche, sie zu erfassen und schreibe die Art und Bedeutung der Gefühle auf. Es geht nicht nur um Sympathie und Antipathie, sondern um die gesamte Bandbreite der Gefühle, die unter Sympathie und Antipathie fallen. Wenn Sie ein Gefühl der Verärgerung aufsteigen spüren, gehört das offensichtlich zur Antipathie, auch Angst gehört dazu. Freude, Erwartung, Glück sind Gefühle der Sympathie. Aber auch wenn man sofort denkt 'Ja, ich stimme zu!', dann ist das Sympathie, und wenn man sofort denkt 'Nein, das glaube ich nicht', dann ist das Antipathie. Schreibe all diese Gefühle auf. Dann schaue sie an und frage, inwieweit diese Gefühle wirklich *objektiv* mit der Beschreibung zusammenhängen, die man gelesen hat, oder inwieweit sie auf *subjektives* Erleben beruhen. Mach' also einen Unterschied. Es gibt Gefühle, die aus dem reinen Erleben des Textes entstehen, aber die meisten Gefühle entstehen aus dem subjektiven Erleben, wie nur man *selbst* es kann. Kein anderes menschliches Wesen kann das nachahmen, denn es hat nicht Ihr Subjekt. Das ist auch der Grund, warum wir so sehr daran hängen, und warum es uns schwer fallen wird, uns davon zu distanzieren. Es ist eine Eigenart von *mir*, dass gerade diese Gefühle hochkommen. Mache die Unterscheidung, schreibe sie auf. Und mache das Gleiche morgen mit einem anderen Textstück. Und so weiter, eine ganze Woche lang. Das ist die erste Übung.

DIE GUNAS

BHAGAVAD GITA

In dem Büchlein über die Entwicklung des Denkens mit dem Titel 'Lerne Denken!' habe ich, wie gesagt, ein kleines Zitat aus dem großen indischen Gedicht 'Bhagavad Gita' wiedergegeben, in dem Krishna die Frage beantwortet, woher genau die Sünde kommt und wie sie die Weisheit verdunkelt. Später im Gedicht wird dies weiter ausgeführt, und an einem bestimmten Punkt erklärt Krishna Arjuna, dass drei Gefühlskräfte freigesetzt werden, wenn die Seele sich mit einem materiellen Körper umgibt. Das sind zum Teil positive Kräfte, die sogar einen gewissen Anschein von Heiligkeit haben, aber auf der anderen Seite sind sie auch Hindernisse, die den Blick des Menschen trüben und seine Weisheit verdunkeln. Ich zitiere diese Passage aus der Bhagavad Gita, dem 14. Kapitel, in dem Krishna zu Arjuna Folgendes sagt:[1]

'Güte (Sattva), Leidenschaft (Rajas), Finsternis (Tamas) die Qualitäten der Natur, sie fesseln in dem Leibe hier den Geist, den unvergänglichen.

Güte ist strahlend, leidenlos, weil sie von allen Flecken frei, Sie fesselt durch das Hängen an dem Glück und an dem Wissen dich.

Die Leidenschaft ist voll Begehr, erzeugt das Hängen an dem Durst, sie fesselt deine Seele hier durch Hängen an der Tatenlust.

---

1 *Bhagavad Gita*, Projekt Gutenberg, übersetzt von Leopold von Schroeder.

Finsternis aus Nichtwissen stammt und alle Sterblichen betört,
Sie fesselt durch Nachlässigkeit, Faulheit und Schlaf, o Bhârata.
Güte läßt hängen an dem Glück, Leidenschaft an der Tatenlust, Finsternis an Nachlässigkeit, nachdem das Wissen sie umhüllt.

Zwingst Leidenschaft und Dunkel du, dann tritt die Güte sieg-
reich vor, wenn Leidenschaft und Güte-Dunkel; wenn Güt'
und Dunkel-Leidenschaft.

Wenn in des Leibes Pforten all des Wissens helles Licht erscheint, dann wisse wohl, dann wuchs in ihm die Qualität der
Güte groß.

Habsucht, Streben, Unternehmen von Taten, Unruh und Be-
gier, diese entstehn, o Bhârata, wenn Leidenschaft erwachsen
ist.

Ein finstres Wesen, Nichtstreben, Nachlässigkeit, Betörung
auch, diese entstehn, o Kuru-Sohn, wenn Finsternis erwachsen
ist.'

Krishna und Arjuna im Tempel von Preah Vihear, Kambodscha

Obwohl in den vielen Jahrhunderten, die zwischen diesen Worten aus dem Gedicht 'Bhagavad Gita' und unserer
Zeit vergangen sind und sich vieles in der Verfassung des

18

Menschen geändert hat, kann man dennoch sagen, dass die Worte, die Krishna hier spricht, eine grundlegende Wahrheit enthalten, die wir uns zu Herzen nehmen können, wenn wir lernen wollen, zu fühlen. Auch wenn wir denken lernen wollen, aber wir bewegen uns jetzt in Richtung des Gefühlslebens und werden feststellen, dass gerade dort diese Kräfte der Begierde eine starke Rolle spielen.

Wir haben eine erste Übung für das Fühlen und den Zusammenhang mit dem Erleben der Wahrheit gemacht und jeden Tag so genau wie möglich notiert, welche Gefühle beim Lesen eines bestimmten Textes auftauchen. Wir haben festgestellt, dass beim Lesen eines solchen aktuellen Stücks der ganze Vorrat an Meinungen und Urteilen in uns auftaucht.

Aber jetzt suchen wir nach den Gefühlen, die sich dahinter verbergen, und man könnte sagen, dass *Meinungen* und *Urteile* in Gedanken gekleidete *Gefühle* sind. Wenn man also keinen direkten Zugang zu den Gefühlen findet, die zweifellos in einem auftauchen, dann kann man auch schauen, welche Meinungen und Urteile in einem auftauchen und nach dem Grund dafür suchen, buchstäblich, denn das sind die Gefühle.

Ich will keine Gefühlslehre predigen, nach der man Angst nicht zu den Gefühlen zählen soll, denn das ist durchaus möglich. Schreibe alles auf, was wie ein Gefühl erscheint. Und wenn man dann nach einer Woche diese Bilder mit all den Gefühlen noch einmal durchgeht, dann hat man schon beim Lesen eines Textes ein kleines Stück Selbsterkenntnis über seine Gefühle und sein Gefühlsleben gewonnen. Es geht noch nicht darum, sich sehr intensiv mit dem Inhalt der Gefühle zu beschäftigen.

Vielmehr geht es darum, sich bewusst zu machen, dass

man beim Lesen, Hören oder Sehen von Zeitgeschehen eine reiche Gefühlswelt in sich aufsteigen lässt, die meist nur als *Meinungen* und *Urteile* bewusst werden, aber auch das geschieht oft gar nicht. Man bildet sie sich zwar, diese Meinungen und Urteile, aber sie sind so flüchtig, dass man ihren Inhalt gar nicht wahrnimmt. Am Ende der Lektüre hat man ein Gesamturteil, das wahrscheinlich immer noch sehr flüchtig ist, das man aber anschließend beibehält. Das wiederum kann die Gefühle, die man an diesem Tag oder Abend hat, stark beeinflussen.

Die Absicht ist, dass diese Übungen sehr leicht in den Alltag einzubauen sind, dass man sie nicht stundenlang studieren muss, sondern dass man in dem, was man ohnehin immer tut, ein erhöhtes Bewusstsein für sich selbst entwickelt, so dass man ein immer klareres Verständnis für sein Gefühlsleben bekommt. Wir wollen also eine zweite Übung machen, wieder mit Hilfe der Lektüre eines Textes, aber dieses Mal nehmen wir keinen Text aus dem Zeitgeschehen, sondern einen aus der philosophischen Literatur. Und weil das etwas ist, das neben dem Alltag stattfinden muss, habe ich einen Text gewählt, damit Sie nicht stundenlang in Ihrem Bücherregal, in der Bibliothek oder im Internet suchen müssen und dann anfangen zu zweifeln, ob es ein passendes Stück ist. Alle Stücke sind geeignet, aber es hat eine vereinigende Wirkung, wenn wir alle das gleiche Stück Text nehmen.

INTERMEZZO ÜBER DIE WAHRHEIT

Bevor wir mit der Übung fortfahren, ist es notwendig, eine kurze Betrachtung über die Wahrheit anzustellen. Es liegt auf der Hand, dass Denken und Wahrnehmen in vielen Fällen feststellen können, dass etwas wahr ist. Und es ist ebenso klar, dass es einen ganzen Bereich der Existenz gibt, in dem es gar nicht so einfach ist, die Wahrheit mit Gewissheit festzustellen. Wir wissen, dass die Gewissheit der Wahrheit auf dem Gebiet der Mathematik am deutlichsten ist. In allen anderen Bereichen ist es sehr kompliziert. Vor allem bei Themen, die mit Meinungen und Vorurteilen zu tun haben, scheint es oft unmöglich zu sein, die Wahrheit zu erkennen.

Was jedoch nicht unmöglich ist, ist, dass Sie sich zu einem Menschen erziehen, der die Wahrheit über alles liebt. Wenn man zulässt, dass etwas in Gedanken und Gefühlen wichtiger ist als die Wahrheit, dann ist man auf dem Weg zur Lüge. Als Menschen haben wir die Möglichkeit dieser Wahrheitsliebe, und wir sollten sie mit aller Kraft, die wir in uns haben, kultivieren.

Nach der ersten Übung zum Auftauchen von Gefühlen der Sympathie und Antipathie ist vielleicht schon ein wenig klar geworden, dass man mit den subjektiven Gefühlen die Wahrheit verletzen kann. Wenn man einer Diskussion beiwohnt oder sich sogar daran *beteiligt*, ist der vorherrschende Charakter, dass die Diskussionsteilnehmer ihre Meinungen und Urteile als allgemeingültig ausgeben wollen, und dass sie dies mit Argumenten tun, die meist voller subjektiver Sympathie und Antipathie sind. Je mehr man diese Subjektivität in sich selbst überwindet, desto unmöglicher wird es, sich an solchen Diskussionen zu beteiligen. Man wird auch feststellen, dass man seine Schlagkraft verliert, wenn man seine Subjektivität aufgibt und sie durch die ruhige Gewissheit einer reinen Sicht der Tatsachen ersetzt, die in bestimmten Kreisen sicherlich geschätzt wird, aber in einer hitzigen Diskussion ist es besser, sich nicht einzumischen, denn man wird unterliegen.

Um die Wahrheit in bestimmten Tatsachen, Ereignissen, Zusammenhängen, Gesprächen, Vorträgen, was auch immer, zu erkennen, ist es notwendig, nicht nur zu observieren und so rein wie möglich die Wahrnehmung zu durchdenken, sondern auch eine Bestätigung oder Ablehnung in einem anderen Bereich zu erleben. Man muss lernen zu erleben, ob etwas richtig oder falsch ist. Oder dass man es nicht beurteilen kann, auch das ist immer möglich. Es ist, als ob man Musik hört und eine Harmonie wahrnimmt. Es ist melodiös, auf Deutsch sagt man: 'Das stimmt'. Das ist richtig. Das ist ein Erleben, das das Denken selbst nicht mit sich bringt. Das heißt, dass das Denken zwar das Erlebnis hervorbringt, aber das Erlebnis liegt in einem anderen Bereich als das Denken selbst. In welchem Bereich? Im Bereich der Gefühle. Das Erleben ist ein Gefühl, und dieses Mal ist es weder Sympathie noch Antipathie, sondern ein mittleres Gefühl. Das Gefühl der Harmonie. Es stimmt. Das heißt aber nicht, dass man, wenn man das Gefühl, das Erleben hat, dass etwas richtig ist, auch die Wahrheit gefunden hat. Denn solange Sie mit Ihren subjektiven Sympathien und Antipathien an der Erfahrung 'es ist richtig' oder 'es ist falsch' teilnehmen, sind Sie nicht in der Wahrheit, wie sie im Menschen als einer göttlichen Person, die über allem steht, wohnen kann.

Die Wahrheit ist kein ewig gültiges Dogma. Die Wahrheit ist ein lebendiges Wesen, das sich in die Phänomene von Zeit und Raum einfügt. Aber sie enthält keinen Anflug von Willkür. Es handelt sich auch nicht um ein mechanisches Prinzip oder um eine Null-zu-Eins-Bestimmung: 'Die Null ist nicht wahr, die Eins ist wahr', wie es der Computer tut. Die Wahrheit ist ein ausgeglichenes Wesen, zu dem man als Mensch von Natur aus und geistig veranlagt ist. Aber alle Subjektivität umhüllt sie mit undurchdringlichen Schleiern. Und es ist das Gefühlsleben, in dem die Subjektivität die Hauptrolle spielt. Die Forschung, die wir mit Hilfe dieser Übungen betreiben und betreiben werden, zielt darauf ab, Selbsterkenntnis darüber zu erlangen, wie stark man die Wahrheit durch Subjektivität verdeckt, und sich in der Fähigkeit zu üben, die Wahrheit zum Leitstern rein in der Mitte zu machen.

Obwohl es meine Absicht ist, die Wahrheit im Rahmen einer Reihe von Übungen herauszuarbeiten, brauchen wir auch ein gewisses Wissen. Interessant ist hier das Wort 'Wahrheit', wie es im Altgriechischen heißt: *Aletheia*. Die Etymologen können sich den Kopf darüber zerbrechen, wie ein solches Wort zu interpretieren ist. So war es auch mit dem Wort Aletheia.

Es ist ein wichtiges Wort, zum Beispiel im Johannes-Evangelium des Neuen Testaments. Schon im Prolog heißt es 'voller Hingabe und Wahrheit'. Aletheia. Nun, im 20. Jahrhundert gab es einen Philosophen, der eine spezielle These zu diesem Wort hatte. Ich bin eigentlich nicht geneigt, von einer Theorie zu sprechen, sondern seine Erklärung des Wortes Aletheia als gegeben hinzunehmen. Das ändert nichts an der Tatsache, dass auch die anderen Erklärungen eine gewisse Gültigkeit haben können. Es war Martin Heidegger, der in dem Wort Aletheia das Wort *Lethe* erkannte. Und wer die griechische Mythologie kennt, weiß, dass man sich in der griechischen Zeit vorstellte, dass man nach dem Tod einen Fluss überqueren muss, und dass dieser Fluss das irdische Bewusstsein sozusagen auslöscht, es vergessen lässt. Der Name dieses Flusses ist *Lethe*. Als Sie sich auf Ihre nächste Inkarnation vorbereiteten, mussten Sie erneut den Fluss Lethe überqueren - ich spreche in der Vergangenheitsform, weil diese Mythologie in der Vergangenheit liegt, aber natürlich könnte sie auch heute noch wahr sein - und das führte dazu, dass Sie mit einem leeren Bewusstsein auf die Erde kamen, ohne Erinnerungen an die Welt, in der Sie vor der Geburt gewesen waren. So wurde es möglich, nicht mehr an die Welt vor und nach dem Tod zu glauben, weil dort das Vergessen eine Rolle spielt. Das Wort Lethe ist zumindest in dem Wort Aletheia enthalten. Und die Vorsilbe 'A' bedeutet, wie Sie wissen, 'nicht'. Wenn man es so interpretiert, bedeutet das Wort Aletheia in der Tat das, was aus der Welt des Vorgeburtlichen oder aus der Welt der *Idee*, wie Platon sie sah, *nicht* vergessen wurde.

Dann ist die *Wahrheit* tatsächlich eine Erinnerung an das, was man vor der Geburt als Gewissheiten kannte, was man aber nicht mit auf die Erde nimmt, weil man ein selbständig denkender Mensch werden muss. Man hat all das also vergessen, aber man kann die Erinnerung daran wecken, und das ist der Lernprozess. Wenn man die richtige Erinnerung erweckt, dann ist man in der Aletheia, in der Wahrheit.

Man könnte sagen, dass es sich um eine romantische Mystifizierung eines nüchternen Wortes handelt, aber wir sind mit dem Fühlen beschäftigt und im Fühlen sind wir viel weniger abstrakt als im Denken. In seinem Denken denkt man vielleicht immer noch, dass die Wahrheit einen gewissen Gesetzescharakter hat, und dass man eigentlich

24

nur sein Wissen erweitern muss, um mehr und mehr in die Wahrheit zu gelangen. Das mag für die Naturwissenschaft eine gewisse Gültigkeit haben, aber wenn man sich das gesellschaftliche Leben, das natürliche Leben, das politische Leben ansieht, weiß man, dass man nicht zur Wahrheit gelangen kann, indem man einfach sein Wissen erweitert. Dafür braucht man einen Sinn, und den haben wir, aber er ist nicht von Natur aus rein wie alle anderen Sinne, sondern wird durch unsere Vorlieben und Abneigungen vernebelt.

Deshalb entwickeln wir jetzt den Sinn des Gefühls. Nicht, weil wir weniger empfindlich werden wollen, sondern weil wir weniger *subjektiv* empfindlich werden wollen. Und vielleicht spüren Sie schon die Morgendämmerung, die gleichzeitig auch bedeutet, dass Sie ein glücklicherer Mensch werden. Denn nichts macht so unglücklich wie das subjektive Gefühlsleben. Natürlich bringt es auch Freude und Glück, aber gleichzeitig weiß man, wie flüchtig diese subjektiven Gefühle sind. Und man wäre wirklich dankbar, wenn man die Fähigkeit hätte, in einem objektiven Gefühlsleben stark zu sein. Das würde nicht bedeuten, dass man nichts mehr fühlt, im Gegenteil, es würde bedeuten, dass man stärker fühlt als je zuvor, aber mit der Gewissheit, dass diese Gefühle objektiv sind. Und wenn man dann unter seinen Gefühlen leiden muss, dann weiß man wenigstens, dass dieses Leiden gerechtfertigt ist.

Es gibt ein bekanntes Sprichwort: *Der Mensch leidet am meisten an den Dingen, die er fürchtet.* Und meine Mutter sagte immer: 'Und die nie wahr werden'. Das ist eine wirklich schmerzliche Verschwendung vom Gefühlsleben, wenn man seine Tage mit nutzlosen, sinnlosen Gefühlen des Leidens verbringt, während man das Leiden, das wirklich wichtig ist, abstumpft und verschläft.

HEGEL

DIE ZWEITE ÜBUNG

Ich nehme ein Stück Text aus meinem allerersten Buch *'Suche das Licht, das im Abendland aufgeht'*, in dem ich an einer Stelle aus Hegels Buch 'Die Wissenschaft der Logik' zitiere, und dann bespreche ich den Inhalt dieses Zitats. Ich möchte nun die ersten Zeilen dieser Besprechung als Thema für diese Woche vorstellen.

'Die Logik ist die reine Wissenschaft, das Wissen in seiner reinsten Form, weil die Logik die Lehre der Kunst des Wissens selbst ist, und aller übrigen Wissenschaft zugrunde liegt. Das reine Wissen ist das Bewußtsein, wie die Begriffe sich selbst bewegen, es ist also die Logik. Und weil diese Erkenntnis sich in der Selbstwahrnehmung unmittelbar offenbart, also ohne Reflexion, ist dieses reine Wissen 'die zur Wahrheit gewordene Gewißheit'. Gewißheit, weil man dieses reine Wissen, als reine Denkbewegung wahrgenommen, nicht im Nachhinein zu überdenken braucht, um es zu verstehen. Während des Denkens spricht diese Denkbewegung sich selbst aus und ist zur gleichen Zeit gedacht und verstanden.'

Wenn man diesen Text, der eigentlich eine kurze Wiederholung des Hegel-Zitats ist, liest und mitdenkt, entstehen in einem alle möglichen Gefühle. In der Regel sind diese Gefühle so unbewusst, dass sie nicht ins Bewusstsein dringen und als solche halb- oder sogar unbewusst bleiben, aber sie beeinflussen später die Haltung, die man einem solchen Text gegenüber einnimmt. Es kann zum Beispiel sein, dass man einen solchen Text als äußerst unangenehm empfindet. Das kann daran liegen, dass man es nicht gewohnt ist, solche Texte zu lesen, und ein Gefühl der Hilflosigkeit aufkommt; oder man empfindet eine Abneigung oder eine Antipathie gegenüber dieser Ausdrucksform. Es kann auch sein, dass man mit solchen Dingen vertraut ist und sie bereits ablehnt, zum Beispiel weil Hegel ein Denker ist, den man schon lange ablehnt, aus welchen Gründen auch immer. Dann wird der Text, der sich damit befasst, nicht objektiv betrachtet. All das kann einem in den Kopf kommen, ohne dass man es wirklich merkt.

Georg Wilhelm Friedrich Hegel, 1770-1831.

Wichtig ist jetzt, dass Sie es bemerken. Dass Sie so stark auf die Gefühle hören, die zunächst in Ihnen auftauchen, dass Sie die Frage beantworten: 'Habe ich negative oder positive Gefühle?', denn es ist natürlich auch möglich, dass Sie keine Ohnmacht fühlen, sondern eine Form von Freude erleben, weil Sie von einem solchen Text angenehm berührt werden. Oder Sie stellen fest, dass Sie es sehr gut verstehen, und dass Sie sich dadurch wohl fühlen. Es kann auch sein, dass der Inhalt des Textes einer von Ihnen bevorzugten Meinung entspricht, in diesem Fall werden Sie auch positive Gefühle dazu haben. Es kann auch sein, dass

Sie das Geschriebene nicht wirklich verstehen. Natürlich verstehen Sie die Sätze, Sie verstehen, was darin steht, aber Sie verstehen den Sinn nicht, und dann ist es selbstverständlich, dass Sie äußerst unangenehme Gefühle bekommen. All diese Möglichkeiten, und es gibt noch viele mehr, leben im Menschen und spielen beim Lesen eines Textes eine Rolle, wenn nicht sogar die Hauptrolle, während die lesende Person nur liest und überhaupt nicht bemerkt, was geschieht.

So wie wir letzte Woche bei der Lektüre einer Nachricht sozusagen einen Status über unsere Gefühle gemacht haben, tun wir das auch bei diesem Text. Wir machen das auch so, wir nehmen jeden Tag denselben Text und versuchen, ihn von Tag zu Tag besser zu verstehen. Aber das ist nicht die Hauptsache. Die Hauptsache ist, dass wir auf unsere Gefühle achten und sie so genau wie möglich beschreiben. Und wenn es zunächst den Anschein hat, dass Sie gar keine Gefühle haben, dann achten Sie auf all die Gedanken, die Ihnen kommen, denn diese sind höchstwahrscheinlich Schatten, die von Ihren ursprünglichen Gefühlen ins Bewusstsein geworfen werden.

Als moderne Menschen leben wir hauptsächlich im Gefühl des Selbst, und das übrige Gefühl wird nur spürbar, wenn es sehr stark ist. Die leichten Wellenbewegungen des Gemüts werden von unserem Intellekt einfach übersehen. Jetzt müssen wir die Beziehung umdrehen und zu dem Punkt kommen, an dem wir sehen, wie der Verstand in seiner Funktionsweise durch diese sehr kleinen Wellen im Gemüt beeinflusst wird. Am Ende der Übung können wir uns dann jedes Mal fragen: Stimmt das, was in diesem Text steht? Und wie erkläre ich das, warum sage ich: 'Also nein, das ist Unsinn'. Oder sage ich: 'Ja, aber natürlich, das ist die ganze Wahrheit'. Und das ist eine Entdeckung, die es mir leichter machen wird, die Wahrheit auch zu anderen Zeiten zu finden, jetzt, wo ich das weiß! Das ist das andere Extrem. Was bedeutet dieser Text für mich in Bezug auf die Frage: 'Ist er wahr oder nicht?'

Wir versuchen also zunächst, die Gefühle zu erfassen, die uns beim Lesen des Textes überkommen, und wir schließen mit der Frage: 'Ist das, was ich gelesen habe, wahr?' Und wie komme ich zu diesem Urteil 'wahr oder falsch' oder 'teilweise wahr'?

Findet diese Wahrheitsfindung ausschließlich im Kontext der Gedanken statt, oder spielt auch eine gefühlsmäßige Komponente eine Rolle? Angenommen, ich bin in der Lage, meine subjektiven Gefühle vollständig zum Schweigen zu bringen, und komme zu dem Schluss, dass das, was in diesem Text steht, wahr ist oder höchstwahrscheinlich wahr sein wird. Was genau lässt mich das wissen, und vor allem, dass ich es sicher weiß? Das Gleiche gilt für die Schlussfolgerung, dass dieser Text nicht wahr ist oder nicht als wahr beurteilt werden kann, weil er zu kurz ist oder aus einem anderen Grund. Wo ist die Quelle dieser Gewissheit? Das ist die Aufgabe der zweiten Woche.

PYTHAGORAS

DIE DRITTE ÜBUNG

Wir werden nun zu einer dritten Übung übergehen. Wir sind auf der Suche nach dem Gefühlsleben, das uns zur Wahrheit führen kann. Man könnte sagen, dass die Wahrheit ein Element des Denkens ist, und das ist sie auch. Aber jeder Mensch braucht für sich selbst eine Bestätigung oder eine Ablehnung. Und diese beiden Kategorien, Ja und Nein, gehören zum Gefühlsleben, wo man durch die Sympathie 'Ja' und durch die Antipathie 'Nein' sagt. Es gibt hier ein Missverständnis, dass das Gefühlsleben immer subjektiv ist. Das würde bedeuten, dass man aufgrund subjektiver Sympathie etwas für wahr und aufgrund subjektiver Antipathie etwas für falsch hält, wobei man nicht weiß, ob man wirklich recht hat oder nicht. In dieser Aufforderung das Fühlen zu lernen, liegt die Anforderung, das *objektive Gefühlsleben* zu entdecken. Entdecken ist hier wirklich das richtige Wort, denn das objektive Gefühlsleben wird durch subjektive Sympathie und Antipathie überdeckt. Aber Sympathie und Antipathie sind auch objektive Kräfte, die wir finden müssen. Im alten Griechenland war Platon der Lehrer der Ideen und der Wahrheit, und in seiner Schule erhielt man als Anfänger zunächst eine gründliche Ausbildung in Mathematik. Wir verstehen, warum das so war: Weil wir in der Mathematik am wenigsten von Diskussionen darüber betroffen sind, ob etwas wahr ist oder nicht, denn in der Arithmetik und in der Mathematik ist die Wahrheit für alle sichtbar. In dieser Woche werden wir auch ein bisschen Mathe machen. Keine Angst, jeder, der denken und fühlen kann, kann auch Mathe. Es ist die Angst vor der intellektuellen Aufgabe, die viele Menschen glauben lässt, sie könnten sie nicht bewältigen.

Pythagoras 572-500 v. Chr.

Wir machen das jetzt nicht, weil wir Mathematik lernen wollen, sondern weil wir einen Weg finden wollen, diesen geheimnisvollen Prozess des Ja-Sagens zu etwas Wahrem und des Nein-Sagens zu etwas Falschem in unserem Gefühlsleben kennenzulernen. In dem Buch 'Lerne Denken!' habe ich den platonischen Dialog Menon als Beispiel genommen. Darin wird ein einfaches mathematisches Problem gelöst. Diesmal möchte ich ein etwas komplizierteres Problem nehmen, das ich schon früher erwähnt habe, nämlich den Beweis des Satzes von Pythagoras. Es gibt nicht nur einen Beweis, es sind mehrere bekannt, aber wir werden einen auswählen, und ich werde beschreiben, wie dieser Beweis zustande kommt. Es geht also darum, diesen Beweis jeden Tag in dieser Woche durchzudenken und auf das 'Ja' zu achten, wenn wir die Richtigkeit eines Schrittes anerkennen.

Der Satz des Pythagoras bezieht sich auf ein Dreieck, bei dem eine Ecke einen rechten Winkel (von neunzig Grad) bildet. Die beiden benachbarten Seiten nennen wir a und b, die gegenüberliegende Seite nennen wir c. Nun lautet der Satz des Pythagoras, dass das Quadrat von a plus das Quadrat von b gleich dem Quadrat von c ist. Das heißt: a x a plus b x b ist c x c. In meinem Matheunterricht am Gymnasium wurde dieser Satz einfach gegeben, und es muss so gewesen sein, dass das verwendete Mathebuch einen Beweis des Satzes enthielt, aber ich habe ihn nicht in Erinnerung. Erst als unsere Kinder an der Waldorfschule in Mathematik unterrichtet wurden, sah ich den Beweis dieses Theorems und wurde ein großer Enthusiasmus in meinem Gemüt angefacht. Das mag übertrieben klingen, aber es ist eine Beschreibung der Tatsachen. Wir stellen uns also dieses Dreieck vor, und das Beste, was wir tun können, ist, es zu Papier zu bringen.
Und wir setzen darunter: $a^2 + b^2 = c^2$

Man muss also bedenken, dass man auch a x a, b x b, c x c in einer räumlichen Figur ausdrücken kann. Denn a x a ist die Fläche eines Quadrats. Wenn a eine Seite einer bestimmten Länge ist, dann ist a x a die Fläche eines Quadrats, dessen Seite die Länge a hat. Wir können also drei Quadrate an das Dreieck anhängen: eines an der Seite a, eines an der Seite b und eines an der Seite c.

Pythagoras sagt also: Der Flächeninhalt des Quadrats a x a plus der Flächeninhalt des Quadrats b x b ist gleich dem Flächeninhalt des Quadrats c x c. Man möchte diese beiden Quadrate a x a und b x b in c x c hineinstecken, um zu sehen, ob es genau passt. Aber das ist einfach nicht möglich, das ist offensichtlich. Es muss also ein Weg gefunden werden, um mit Sicherheit zu beweisen, dass die

Summe dieser beiden Flächen gleich der größeren Fläche c x c ist. Nun habe ich bereits viele Elemente dieses Beweises genannt, und Sie müssen diese Woche, wenn Sie über diese Elemente nachdenken, auf die Bestätigung achten, dass es wahr ist. Man kann sagen: Man sollte auch darauf achten, dass man bestreitet, dass es wahr ist, aber das ist bei diesem mathematischen Problem nicht der Fall. Die Dinge, die hier in diesem mathematischen Problem gesagt werden, sind wahr, und das Wichtige ist, dass Sie selbst sie anerkennen können; dass Sie nicht über sie nachdenken, sondern dass Sie selbst wirklich anerkennen, dass a^2 ein Quadrat ist. In der deutschen Sprache hat sich dies bewahrt, denn dort heißt die räumliche Figur Quadrat. Ich fand das faszinierend und war überrascht, dass es mir in der Sekundarschule völlig entgangen war. Ich kann mich nicht erinnern, dass ich jemals erkannt habe, dass a^2 ein Quadrat ist. Aber so werden diese abstrakten Formeln zu sichtbaren Bildern. Und dann stellt sich die Frage: 'Wie kann man beweisen, dass die Quadrate $a^2 + b^2$ gleich dem Quadrat c^2 sind? Dafür gibt es eine Figur. Sie können es dort sehen.

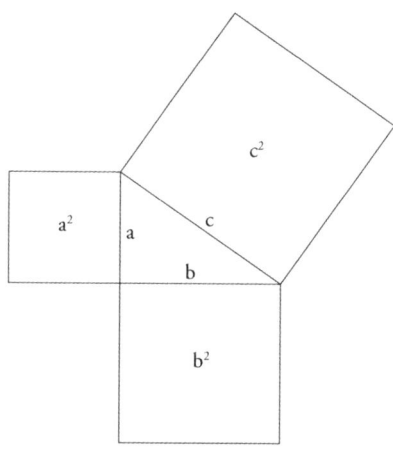

Nun können wir selbst nach der Lösung für dieses Problem suchen, aber ich werde diese Lösung auch in Worten hier hinzufügen.

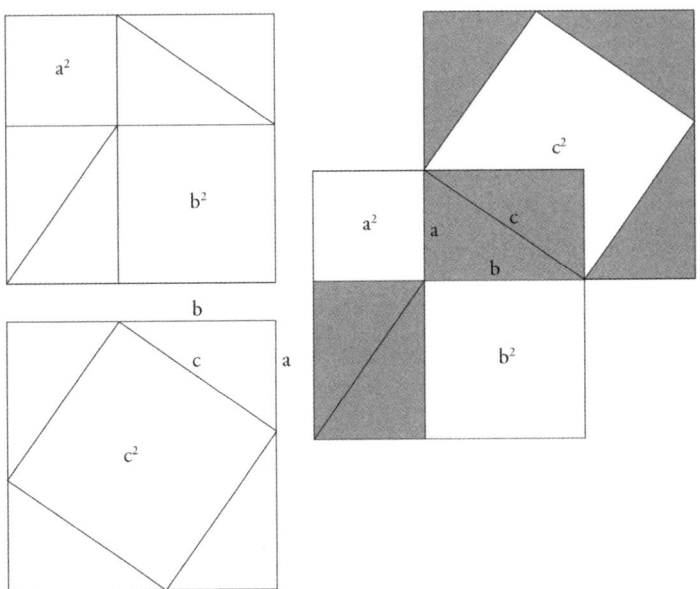

Man kann den Beweis in der weiß-grauen Abbildung sehen. Wir haben das Dreieck mit den Seiten abc, wir haben die Quadrate an diesen Seiten, a^2, b^2, c^2. Jetzt machen wir ein Quadrat, das a^2 und b^2 enthält, das heißt, wie Sie in der Abbildung sehen können, ist es ein Quadrat mit den Seiten a + b. Das Quadrat c^2 erweitern wir ebenfalls zu einem größeren Quadrat, bei dem die Seiten ebenfalls a + b sind. Sie können dies in der Abbildung sehen. Man hat also zwei gleich große Quadrate, nämlich das Quadrat, das $a^2 + c^2$ umschließt, und das Quadrat, das c^2 umschließt. Und Sie können sehen, dass in dem Quadrat, das a^2 und b^2 umschließt, vier Dreiecke des ursprünglichen Dreiecks hinzugefügt wurden, um das größere Quadrat zu bilden.

35

Das Gleiche gilt für das Quadrat, das c^2 enthält. Auch dort gibt es vier Dreiecke mit den Seiten abc, die außerhalb des Quadrats c^2 liegen. Die Schlussfolgerung muss also lauten, dass es sowohl in dem einen als auch in dem anderen Quadrat, die die gleiche Größe haben, nämlich mit den Seiten a + b, vier gleiche Dreiecke gibt, die außerhalb des Quadrats liegen, wenn man den Flächeninhalt von $a^2 + b^2$ haben will, aber auch wenn man den Flächeninhalt von c^2 haben will. Die Schlussfolgerung lautet dann, dass $a^2 + b^2$ gleich c^2 ist, und damit haben wir also den Beweis erbracht und haben ihn verstanden.

Die Aufgabe bei diesem Gedankenexperiment bestand nun darin, auf das Verständnis zu achten. In dem Moment, in dem Sie es verstehen, sagen Sie 'Ja'. Und das 'Ja' lebt im Gefühl. Das gilt auch für 'Nein'. Dies ist nicht leicht zu beobachten, denn das Gefühlsleben ist nicht so deutlich bewusst wie das Bewusstsein beim Denken. Doch wie wir wissen, sind Gefühle dominante Kräfte, die das Denken sehr wohl außer Kraft setzen können, wenn sie stark genug sind. Aber wir sind es nicht gewohnt, dem *Prozess der Anerkennung und Ablehnung* Aufmerksamkeit zu schenken. Und das ist es, was wir in dieser Woche so gut wie möglich meistern müssen. Wahrscheinlich werden Sie anfangs das Gefühl haben, dass Sie stocktaub sind für das Gefühl, das das Erkennen mit sich bringt, wenn das Verstehen da ist. Und in diesem Beweis des Satzes von Pythagoras gibt es viele Momente des Verstehens. Sie sind vielleicht wohl ein wenig damit vertraut, die Gedanken des Verlaufs dieses Beweises zu sehen. Aber was einem normalerweise entgeht, ist, was das *Herz* macht, wenn man die Gedanken so erleben kann, dass man sie auch versteht. Das ist eine äußerst subtile Selbsterkenntnis, nach der wir hier suchen.

Wenn Sie dem Aufruf 'Lerne Fühlen' folgen wollen, dann ist dies ein sehr wichtiger Schritt. Man darf es nicht vergessen oder verschlafen, man muss es mit aller Wachsamkeit aufnehmen. Das bedeutet, dass das, was sich im Allgemeinen halb außerhalb des Bewusstseins in der Erfahrung des Verstehens und damit der Erfahrung der Wahrheit abspielt, nun in das Wachbewusstsein gebracht wird. In der Mathematik gibt es eine Fülle von Inhalten, mit denen man dies üben kann.

Aber da wir nur eine Woche Zeit haben, ist dieser Beweis des Satzes von Pythagoras mehr als genug, um das 'Ja' des Erkennens, das aus dem Gefühl entsteht, kennenzulernen und, wenn möglich, die Glückseligkeit des Verstehens in der Wahrheit zu bestaunen.

Jeder Mensch hat Gefühle. Während man schon ein Spielball seiner assoziativen Gedanken sein kann, ist man es erst recht von seinen aufkommenden Gefühlen. Man kann ein glückliches Kind sein, das im Allgemeinen von positiven Gefühlen umhüllt durchs Leben geht. Man kann auch ein unglückliches Kind sein, das Traurigkeit, Depressivität und Antipathie als Lebensbegleiter mit sich trägt. Die Gefühlsebene, nach der wir suchen, weil dort der Sinn für die Wahrheit verborgen ist, hat keine unglücklichen oder glücklichen Kinder. Dort ist die Wahrheit das Glück und die Unwahrheit das Unglück. Aber dort hat man eine gewisse Macht über seine Gefühle, denn man kann bewusst die Wahrheit suchen und bewusst die Unwahrheit heraushalten. Nicht, dass man das nicht sehen sollte, denn das muss man natürlich, und man wird darunter leiden, aber die Erkenntnis, dass etwas falsch ist, hat auch immer einen Wahrheitsaspekt. Mit diesen Übungen werden Sie vielleicht nicht diese Woche, aber in naher Zukunft ein ganz anderes Gefühlsleben kennenlernen, das Sie mehr und mehr beherrschen können.

In diesem Beispiel aus der Mathematik ist die Wahrheit in gewisser Weise unanfechtbar. Jeder sieht es, nicht in gleicher Weise, aber völlig gleichermaßen, ein. Man kann immer noch über andere Formen des Beweises desselben Satzes sprechen, die dann auch in gleicher Weise zusammen eingesehen werden können. In der Mathematik bewegt man sich in einem sehr reinen und transparenten Bereich.

In dem Text, den wir in der vorangegangenen Übung vorgestellt haben, um die Gefühle wahrzunehmen, die durch ihn ausgelöst werden, ist die Selbstverständlichkeit der Wahrheit des Gesagten viel geringer als in der Mathematik. Ich werde versuchen, diesen Text so zu erklären, wie ich den Satz des Pythagoras erklärt habe, nämlich Schritt für Schritt, und wir werden dann sehen, ob es möglich ist, die Wahrheit der darin enthaltenen Aussage auf ähnliche Weise zu erkennen. Dies wird die vierte Übung sein.

DIE LOGIK

DIE VIERTE ÜBUNG

Logik ist das Wissen um die Gesetze des Denkens. Natürlich geht es nicht um das assoziative Denken, um das Denken, wie es im Alltag geschieht, sondern um das verstehende Denken. Das *begreifende Denken* folgt den Gesetzen der Logik. Es ist nicht so, dass diese Gesetze aufgestellt sind und das Denken ihnen dann folgen muss, sondern es gab einen Philosophen, der sich bewusst wurde, dass im Denken bestimmte Gesetze am Werk sind, denen jeder Mensch gehorcht, die also dem Denken eingeboren sind, und dieser Philosoph hat sich außerordentlich bemüht, die Gesetze, die dem Denken eingeboren sind, ins Bewusstsein zu bringen. Das war in der griechischen Zeit, der Philosoph war Aristoteles. Seitdem hat es viele Versuche gegeben, seine Entdeckungen zu verfeinern oder zu verbessern, aber es gab einige große Philosophen, die sagten, dass Aristoteles' Werk eigentlich der Gipfel auf diesem Gebiet ist und nicht verbessert werden muss.

Wenn man an die Naturwissenschaft denkt, zum Beispiel an die Mechanik, dann ist es so, dass in die Natur die mechanischen Gesetze 'eingebaut' sind, sie funktionieren dort. Die Mechanik hat diese Prozesse aufgedeckt. Genauso ist die Logik die Wissenschaft des Denkens selbst. Vom Wissen selbst. Und das ist ein ganz besonderes Gebiet, denn wenn man von Naturwissenschaft spricht, bedeutet das, dass man die Natur mit seinem Wissen erforscht und ergründet, aber die *Logik* hat als Inhalt die *Gesetze des Wissens* selbst. Es ist also das Wissen der Wissenschaft des Wissens. Man kann sich also sehr gut vorstellen, dass es sich um etwas sehr eigenes im Menschen handelt. Die

Natur ist außerhalb von uns, auch in uns, aber nicht so, dass man sie innerlich wirklich sehen kann. Die Logik hingegen ist ganz und gar unsere Sache, und zwar so sehr, dass man nicht einmal wissen muss, dass man über dieses Wissen verfügt, und man es dennoch völlig korrekt einsetzt. Das wird in diesem kleinen Text erklärt, in dem ich einen größeren Text des Philosophen Hegel in wenigen Sätzen zusammenfasse. Es gibt also die Wissenschaft von allem, was außerhalb des Wissens liegt, und die Wissenschaft vom Wissen selbst. Und deshalb sagt Hegel, die Logik sei die reine Wissenschaft, das Wissen in seiner reinsten Form, denn sie ist die Lehre von der Kunst des Wissens selbst. Und weil es die Kunst des Wissens selbst ist, und das Bewusstsein davon, liegt die Logik allen anderen Wissenschaften zugrunde. Nicht, dass es jemals einen Mann gegeben hätte, zum Beispiel Aristoteles, der gesagt hätte: Seht hier, hierüber sind wir uns jetzt einig, und das nennen wir Wissen, sondern wir als Menschen haben die Fähigkeit, zu Wissen, zu Wissenschaft zu gelangen, und diese Fähigkeit, wenn sie bewusst wird, besteht aus einem ganzen System von Gesetzen, die wir als selbstverständlich ansehen, und das Bewusstsein davon ist die Logik. Sie ist reine Wissenschaft, weil sie keine Wissenschaft von etwas anderem ist, sondern die Wissenschaft des Wissens selbst. Deshalb nennt Hegel dieses Wissen die Gewissheit, die zur Wahrheit geworden ist. Man kann immer noch an den Naturgesetzen zweifeln, ob das, was gesucht und gefunden wird, die Wahrheit ist. Und je weiter sich die Wissenschaft von beobachtbaren Tatsachen entfernt, wie es beispielsweise in der Virologie und auch in der Vererbungslehre der Fall ist, die mit nicht direkt beobachtbaren Daten arbeiten, desto unsicherer wird die Wissenschaft. Die Logik ist am nächsten dran, näher kann sie nicht sein. Es ist das Wissen um das Wissen selbst. Es sind die Gesetze, die im Prozess des

Wissenserwerbs eine Rolle spielen, und diese Gesetze sind für uns eine absolut sichere Wahrheit. Könnten wir uns nicht auf sie verlassen, wäre keine Wissenschaft möglich, denn alle Wissenschaft funktioniert nach diesen Gesetzen. Und wenn man die Logik studiert, wird man sich der Gesetze bewusst, die man schon immer benutzt hat, von denen man aber nicht wusste, dass es Gesetze sind, die man befolgt, obwohl man in Diskussionen immer sagt: 'Ja, aber das ist doch logisch'. Das Wort *logisch* bedeutet, dass man glaubt, nach den Gesetzen der Logik argumentiert zu haben. Diese Gesetzte kennt man. Und die Logik ist das Bewusstsein von diesen, niedergeschrieben, so vollständig wie möglich ausgedrückt, welche Gesetze des Denkens allgemein in allem Wissen wirksam sind. Das ist eine Wahrheit, die für uns Gewissheit ist. Würden wir an dieser Gewissheit zweifeln, würden wir alle Gewissheit verlieren. Das ist die Aufgabe für diese Woche. Sie könnten vielleicht sagen: 'Ja, aber wir sind doch immer nur noch mit dem Denken beschäftigt? Das scheint nur so, es *ist* eine Frage des Gefühls. Hier haben wir es mit Gesetzen zu tun, die vielleicht gedacht werden, aber die Gewissheit, die zur Wahrheit geworden ist, ist in Wirklichkeit eine Sache des Gefühls. Das ist der Jubel des Gefühls, wenn man spürt, dass man etwas gefunden hat, das wirklich vollkommen *wahr* ist, und an dem es keine Spur von Zweifel geben kann, weil man nicht nur immer nach diesen Gesetzen denkt, sondern auch, weil man im Gefühl weiß, dass es keinen Zweifel geben kann. Es gibt keinen Abstand zwischen dem, was man als Wissenschaft des Wissens hat, und dem Wissen, dem Inhalt, selbst.

So wie wir letzte Woche die Bedeutung des Satzes des Pythagoras untersucht haben und dort eine mathematische Gewissheit gefunden haben, der wir uns mit Gefühlen bewusst zu werden versuchen, oder von der wir versuchen, uns bewusst zu werden, dass sie sich im Gefühl bestätigt, so haben wir diese Woche ein Stück Text, das wir schon einmal benutzt haben, um Selbsterkenntnis über die Gefühle zu erlangen, die in uns aufsteigen, die eigentlich objektiv nichts mit dem Text zu tun haben. Wir nehmen nun dasselbe Stück Text, um zu lernen, wie man etwas, das im Denken gedacht wird, indem man es erlebt, sicher weiß. Man denkt es nicht nur, man sieht auch das 'Ja', das man ausruft, weil man erkennt, dass dies tatsächlich die Gewissheit ist, die zur Wahrheit geworden ist. Das ist ein 'Ja', das im Gefühl mitschwingt, und das wir als Gefühlsleben kennenlernen wollen. Wir können alle subjektiven Gefühle in der Selbsterkenntnis durch Textstücke, Nachrichtenberichte, Wissenschaft, Philosophie, Gespräche usw. kennenlernen. Aber dieses tiefere Gefühl, wo die objektive Anerkennung oder Ablehnung wohnt, das ist der Bereich, den wir zu finden versuchen, wenn wir sagen: 'Lerne Fühlen!'

SCHÖPFUNG UND EVOLUTION

DIE FÜNFTE ÜBUNG

Wir sind auf dem Weg, uns unserer Gefühle bewusst zu werden. Wir haben festgestellt, dass eine Menge subjektiver Sympathie und Antipathie aufkommt, wenn es um Inhalte geht, und wir wollen an den Punkt gelangen, an dem wir so rein fühlen können, dass wir im Gefühl einen Sinn für die Wahrheit haben. Man könnte es auch *erleben* nennen. Dass man das, was man aufnimmt, so erleben kann, dass man erkennt, ob man eine Schlussfolgerung in Richtung der Wahrheit oder der Unwahrheit ziehen muss. Ich möchte immer wieder darauf hinweisen, dass es in einem sehr großen Bereich des Lebens keinen Zweifel an der Wahrheit gibt. Dort reichen Beobachtung und Denken aus, um zu wissen, ob etwas wahr ist oder nicht. Das ist bei den meisten alltäglichen Eindrücken der Fall. Aber es gibt auch einen sehr großen Bereich des Lebens, in dem man wissen möchte, ob etwas wahr ist oder nicht, und in dem man eine Sehnsucht nach Gewissheit über die Wahrheit hat. Eine Gewissheit, die vergleichbar ist mit der Gewissheit des Satzes von Pythagoras und der zur Wahrheit gewordenen Gewissheit in der Wissenschaft der Logik.

Nun ist es immer so, dass man, wenn man etwas entwickeln will, jedes Mal einen Schritt weiter geht. Die Herausforderungen werden größer, die Aufgaben schwieriger. Für die fünfte Übung habe ich zwei Texte ausgewählt, die sich an den Extremen der Ansichten der Menschen befinden, die sich direkt gegenüberstehen. Aber wir werden diese Ansichten nicht auf diese Weise angreifen, wir werden diese Texte nicht auf der Grundlage des bereits bestehenden Glaubens oder der wissenschaftlichen Überzeugung aufgreifen. Wir werden versuchen, sie zu erfassen, als ob wir von einem anderen Planeten kämen, ohne alle Meinungsverschiedenheiten zu kennen und voller Interesse an diesen beiden extremen Positionen. Die Aufgabe besteht also darin, zunächst die aufkommenden subjektiven Gefühle zu erkennen, sie dann beiseite zu lassen, sie auszuschalten und den Text wirklich nach seinem Inhalt zu erleben.

Nicht, was man davon hält, nicht, wie es auf einen wirkt, weil man nun mal man selbst ist mit seinem Wissen und seinen Meinungen, sondern ausschließlich durch den Text selbst zu erleben. Ich finde, dass Musik ein sehr lehrreicher Bereich im menschlichen Leben ist, Musik unterliegt auch dem Geschmack, man kann nicht sagen, dass jeder die gleiche Musik mag, aber wenn man Musik ohne Inhalt, ohne Worte, ohne denkbaren Sinn hat - also nicht Beethovens neunte Symphonie, denn die hat einen denkbaren Sinn: 'Alle Menschen werden Brüder'. Auch nicht eine Oper oder ein Oratorium, sondern zum Beispiel eine Sinfonie oder eine Sonate oder ein Quartett oder ein Tanzstück - da merkt man, dass die Musik etwas zu bieten hat, das nichts mit Wahrheit zu tun hat. Wenn man Musik hört, sagt sie einem etwas, aber sie hat keine verbale Bedeutung. Genauso sollte man lernen mit dem Erleben mehr zuzuhören, auch wenn es eine wörtliche Bedeutung hat. Als würde man auf Musik hören, nicht auf die Töne oder den Rhythmus, sondern auf das, was ein Text einem sagen will.

Zwei Texte. Der erste ist das erste Kapitel des meistgelesenen Buches der Welt, der Bibel, des Alten Testaments, 'Genesis'. Im direkten Gegensatz dazu biete ich Ihnen einen Teil des ersten Kapitels von Charles Darwins 'Die Entstehung der Arten' an. Man sieht schon einen großen Unterschied in der Form: 'Genesis' beginnt konsequent mit dem Nichts, das zu einem geschaffenen Etwas wird. Darwin beginnt eigentlich mitten im Schöpfungsprozess, den er nicht als Schöpfungsprozess, sondern als Evolutionsprozess sieht, und bringt den wichtigsten Punkt zum Vorschein. Tatsächlich geht es in beiden Texten um dieselbe Sache, aber es ist kein größerer Unterschied denkbar als zwischen diesen beiden Texten. Wir werden also versuchen, sowohl den einen als auch den anderen Text völlig 'rein' zu nehmen. Wir beseitigen alles, was aus unserer eigenen Person aufsteigen will, und dann versuchen wir, das Gefühlsleben zu wecken, um auf den Text zu reagieren, denn das ist es, was wirklich geschehen muss. Der Text hat eine gewisse Wirkung, aber dazu muss man sich bereit machen. Und solange man noch zu sehr mittendrin ist, kommt die Wirkung nicht zustande. Erst wenn man seine Person für einen Moment ausgeschaltet hat, kann der Text in sich selbst wirksam werden und in einem Gefühle, Erlebnisse wecken, die man nicht selbst ist, die in einem auftauchen, und die einem Hinweise auf die Wahrheit des Textes geben. Zunächst geht es also um den Inhalt. Wir schalten persönliche Gefühle aus, wir schalten die Wirkung des Textes ein. Und wir hören ihm zu, wie wir wortlose Musik hören. Ein Musikstück ist eine Tatsache, ebenso wie ein Text. Musik wirkt im Gemüt, ein Text tut dasselbe. Es ist eine schwierige Aufgabe, aber nachdem man die vier vorangegangenen Übungen intensiv durchgeführt hat, sollte es bis zu einem gewissen Grad möglich sein, dies zu tun.

Bibel

45

Der erste Text:

'Am Anfang schuf Gott Himmel und Erde. Und die Erde war wüst und leer, und es war finster auf der Tiefe; und der Geist Gottes schwebte auf dem Wasser. Und Gott sprach: Es werde Licht! Und es ward Licht. Und Gott sah, dass das Licht gut war. Da schied Gott das Licht von der Finsternis und nannte das Licht Tag und die Finsternis Nacht. Da ward aus Abend und Morgen der erste Tag.

Und Gott sprach: Es werde eine Feste zwischen den Wassern, die da scheide zwischen den Wassern. Da machte Gott die Feste und schied das Wasser unter der Feste von dem Wasser über der Feste. Und es geschah so. Und Gott nannte die Feste Himmel. Da ward aus Abend und Morgen der zweite Tag.

Und Gott sprach: Es sammle sich das Wasser unter dem Himmel an besondere Orte, dass man das Trockene sehe. Und es geschah so. Und Gott nannte das Trockene Erde, und die Sammlung der Wasser nannte er Meer. Und Gott sah, dass es gut war. Und Gott sprach: Es lasse die Erde aufgehen Gras und Kraut, das Samen bringe, und fruchtbare Bäume auf Erden, die ein jeder nach seiner Art Früchte tragen, in denen ihr Same ist. Und es geschah so. Und die Erde ließ aufgehen Gras und Kraut, das Samen bringt, ein jedes nach seiner Art, und Bäume, die da Früchte tragen, in denen ihr Same ist, ein jeder nach seiner Art. Und Gott sah, dass es gut war. Da ward aus Abend und Morgen der dritte Tag.

Und Gott sprach: Es werden Lichter an der Feste des Himmels, die da scheiden Tag und Nacht und geben Zeichen, Zeiten, Tage und Jahre und seien Lichter an der Feste des Himmels, dass sie scheinen auf die Erde. Und es geschah so. Und Gott machte zwei große Lichter: ein großes Licht, das den Tag regiere, und ein kleines Licht, das die Nacht regiere, dazu auch die Sterne. Und Gott setzte sie an die Feste des Himmels, dass sie schienen auf die Erde und den Tag und die Nacht regierten und schieden Licht und Finsternis. Und Gott sah, dass es gut war. Da ward aus Abend und Morgen der vierte Tag.

Und Gott sprach: Es wimmle das Wasser von lebendigem Getier, und Vögel sollen fliegen auf Erden unter der Feste des Himmels. Und Gott schuf große Walfische und alles Getier, das da lebt und webt, davon das Wasser wimmelt, ein jedes nach seiner Art, und alle gefiederten Vögel, einen jeden nach seiner Art. Und Gott sah, dass es gut war. Und Gott segnete sie und sprach: Seid fruchtbar und mehret euch und erfüllet das Wasser im Meer, und die Vögel sollen sich mehren auf Erden. Da ward aus Abend und Morgen der fünfte Tag.

Und Gott sprach: Die Erde bringe hervor lebendiges Getier, ein jedes nach seiner Art: Vieh, Gewürm und Tiere des Feldes, ein jedes nach seiner Art. Und es geschah so. Und Gott machte die Tiere des Feldes, ein jedes nach seiner Art, und das Vieh nach seiner Art und alles Gewürm des Erdbodens nach seiner Art. Und Gott sah, dass es gut war. Und Gott sprach: Lasset uns Menschen machen, ein Bild, das uns gleich sei, die da herrschen über die Fische im Meer und über die Vögel unter dem Himmel und über das Vieh und über alle Tiere des Feldes und über alles Gewürm, das auf Erden kriecht. Und Gott schuf den Menschen zu seinem Bilde, zum Bilde Gottes schuf er ihn; und schuf sie als Mann und Frau. Und Gott segnete sie und sprach zu ihnen: Seid fruchtbar und mehret euch und füllet die Erde und machet sie euch untertan und herrschet über die Fische im Meer und über die Vögel unter dem Himmel und über das Vieh und über alles Getier, das auf Erden kriecht. Und Gott sprach: Sehet da, ich habe euch gegeben alle Pflanzen, die Samen bringen, auf der ganzen Erde, und alle

Bäume mit Früchten, die Samen bringen, zu eurer Speise. Aber allen Tieren auf Erden und allen Vögeln unter dem Himmel und allem Gewürm, das auf Erden lebt, habe ich alles grüne Kraut zur Nahrung gegeben. Und es geschah so. Und Gott sah an alles, was er gemacht hatte, und siehe, es war sehr gut. Da ward aus Abend und Morgen der sechste Tag.'

Der zweite Text:

'Wenn wir uns Individuen einer bestimmten Sorte oder Untersorte unserer traditionell kultivierten Pflanzen oder Tiere ansehen, ist eine der ersten Besonderheiten, die uns auffällt, dass sie sich im Allgemeinen sehr viel stärker voneinander unterscheiden als Individuen irgendeiner Art oder Sorte in der freien Natur. Wenn wir an die große Vielfalt von Pflanzen und Tieren denken, die kultiviert wurden und im Laufe der Zeit Variationen gezeigt haben unter den meist unterschiedenen Klimas und Behandlungen, dann müssen wir wohl zu dem Schluss kommen, dass diese großen Unterschiede einfach auf die Tatsache zurückzuführen sind, dass unsere domestizierten Produkte unter weniger einheitlichen und etwas anderen Bedingungen aufgezogen wurden, als die, denen ihre Elternarten in der freien Natur ausgesetzt waren. Ich halte auch die Hypothese von Andrew Knight, dass diese Unterschiede zum Teil auf ein Überangebot an Nahrungsmitteln zurückzuführen sind, für recht wahrscheinlich. Es scheint klar zu sein, dass organische Lebewesen mehrere Generationen lang den neuen Lebensbedingungen ausgesetzt sein müssen, bevor sie erkennbare Veränderungen zeigen, sie variieren im Allgemeinen mehrere Generationen lang. Es ist kein Fall bekannt, in dem ein wandelbares Lebewesen unter der Domestizierung aufhört, wandelbar zu sein. Unsere ältesten Kulturpflanzen, wie z. B. Weizen, bringen immer noch häufig neue Sorten hervor; unsere ältesten domestizierten Tiere sind immer noch anfällig für rasche Verbesserungen oder Veränderungen.'[2]

Charles Darwin, 1809-1882.

2 Charles Darwin, Über die Entstehung der Arten.

ERLEBEN DER FORM

DIE SECHSTE ÜBUNG

In der nächsten Übung geht es wieder um diese beiden Textstücke. In der vorangegangenen Übung haben wir versucht, unsere Gefühle durch den Inhalt des Textes zu wecken. Jetzt wollen wir einen Schritt machen, der viel schwieriger ist; wir wollen versuchen, unsere Gefühle durch die *Form des Textes* zu wecken. Wir müssen natürlich bedenken, dass das Alte Testament eine Art Urzeitbuch ist, während Darwins Buch aus dem 19. Jahrhundert stammt. Man kann auch nicht sagen, dass das Alte Testament von diesem oder jenem Autor verfasst wurde, während es im Fall von 'Die Entstehung der Arten' eindeutig Charles Darwin ist. Das sind schon zwei völlig unterschiedliche *Formprinzipien*. Dann sehen wir, dass der Anfang des Alten Testaments der Anfang ist: 'Im Anfang schuf Gott den Himmel und die Erde'. Was vorher war, wird nicht gesagt, aber der Inhalt des ersten Satzes zeigt, dass es vor diesem Anfang Himmel und Erde nicht gab. Das Buch beginnt also mit dem Urbeginn der Schöpfung. Und dann wird in kurzen Sätzen angegeben, wie Gott die uns bekannte Welt geschaffen hat, in welcher Reihenfolge und nach welchen Prinzipien, und in gewisser Weise wird auch etwas über den zeitlichen Rahmen angegeben. Nach dieser Erklärung der Schöpfung wird die Bibel in gewissem Sinne zu einem Geschichtsbuch im Zusammenhang mit Gott. Wenn Sie im Leben die Religion nicht erleben, dann fällt es Ihnen schwer, sie objektiv in Ihren Gefühlen wirken zu lassen, denn Ihre Gefühle schreien sofort 'Nein!' Aber darum geht es uns hier nicht. Wir wollen auch nicht, dass unsere Gefühle sofort 'Ja!' rufen, weil wir religiöse Menschen sind. Das wird alles später kommen. Wir befinden uns jetzt in der Phase der Forschung und Entwicklung und haben den Anfang des Alten Testaments vor uns, und wir versuchen, ein Gefühl für die Form dieser Erzählung zu bekommen. Wir sehen, dass die Erzählung in der Zeit fortschreitet und dass der Hauptteil, 'Genesis', mit einer Reihe großer, bildreicher Aussagen beginnt, auf denen der Rest des Buches aufbaut. Es ist, als würde man eine Sinfonie hören, die mit einem gewaltigen Finale beginnt. Aber es ist kein Finale, es ist ganz klar ein Auftakt. Musikalisch gesehen würde man dies niemals als Ouvertüre bezeichnen, denn es ist eine Geschichte über die gewaltige Schöpfung des Himmels, der Erde, der natürlichen Reiche und des Menschen. So endet eine Sinfonie, mit Schlussakkorden. So beginnt das Alte Testament. Ich gebe Ihnen hiermit ein Beispiel dafür, wie Sie Ihr Gefühl für die Form dieses Anfangs des Buches, von dem jeder weiß, dass es existiert, wecken können.

Wenn wir uns nun Darwins erstem Kapitel zuwenden, sehen wir, dass er nach dem wichtigsten Rätsel in der bereits existierenden Schöpfung gesucht hat, nämlich nach dem *Ursprung der Arten* und ihrer Entwicklung. Er springt sozusagen mit seinen Worten mitten ins Geschehen, schaut sich um, wählt aus, was er für das Wesentliche in der Evolution hält, und beginnt zu diskutieren. Man hat den Eindruck, dass er so viel zu sagen hat, dass er keine andere Wahl hat, als sich in die Materie zu stürzen und einfach loszuschreiben. Nach und nach entwickelt sich eine gewisse Struktur, und um diese Struktur zu zeigen, werde ich einen Überblick über das Inhaltsverzeichnis des gesamten Buches geben, damit Sie sehen können, was nach diesen ersten Zeilen, die wir aufgenommen haben, um unsere Gefühle zu wecken, besprochen wird:

'Variation unter Domestikation; Variation in der Natur;

Kampf ums Dasein; Natürliche Selektion; Gesetze der Variation; Schwierigkeiten mit der Theorie; Instinkt; Hybridität; Über die Unvollkommenheit des geologischen Archivs. Über die geologische Abfolge der organischen Lebewesen; Geographische Verteilung; Geographische Verteilung - Fortsetzung; Gegenseitige Verwandtschaft der organischen Lebewesen: Morphologie, Embryologie, rudimentäre Organe; Zusammenfassung und Schlussfolgerung'.

Machen Sie sich die Mühe, die verschiedenen Themen wirklich zu erleben.
Während das Alte Testament ein religiöses Geschichtsbuch ist, ist das Buch von Darwin ein naturwissenschaftlicher Versuch, das Rätsel der Evolution, der Entwicklung der Arten, zu lösen. Und während das Alte Testament von Gott ausgeht, der gleichsam die Schöpfung ist und sie aus sich selbst hervorbringt, spricht Darwin von einem in der Natur selbst liegenden Artprinzip, das sich aus sich selbst und aus den Faktoren der Umwelt entwickelt. Von einem ursprünglichen Schöpfungsgedanken, der dem zugrunde liegt, ist bei Darwin nicht die Rede, und wenn wir uns die moderne Naturwissenschaft, zum Beispiel die Biologie und die Medizin, anschauen, sehen wir, dass sie den darwinistischen Geist in sich trägt, obwohl man, wenn man die Form erlebt, in der Darwin schreibt, immer noch das Gefühl hat, es mit einem Mann zu tun zu haben, der tief und ausführlich über die Rätsel nachgedacht hat, während seine Anhänger - wie es meistens der Fall ist - die Dinge, die er gebracht hat, dogmatisieren und sie ohne Erleben, ohne weitere Fragen, verwenden.

Was ich hier geschrieben habe, sind in Gedankenformen gekleidete Gefühle, die durch die Frage nach dem Unterschied in der Form zwischen 'Genesis' und dem ersten Kapitel von 'The Origin of Species' geweckt werden können.

ZUHÖREN UND SEHEN

DIE SIEBTE ÜBUNG

Nun machen wir den Übergang zu einem Bereich, der objektiv viel schwieriger zu erfassen ist, als Text. Text erwies sich schon als sehr schwierig, aber wenn man im Umgang mit anderen Menschen ganz ehrlich sein wollte, müsste man objektiv fühlen, und es ist sofort klar, dass das kaum jemand kann. Man ist immer mit einer Übermacht von Gefühlen konfrontiert, die in einem aufsteigen, deren Ursprung und Ursache man meist gar nicht kennt, die aus einer Tiefe zu kommen scheinen, die das Bewusstsein nicht durchdringen kann. So wie man das Wetter nicht beeinflussen kann, so scheint auch dieses Gefühlsleben, das im Kontakt mit anderen Menschen entsteht, eine Wetterlage zu sein, gegen die man machtlos ist.

Aber wir haben eine kurze Vorbildung in objektivem Fühlen durch Text und Mathematik erhalten. Wir haben bis zu einem gewissen Grad gelernt, unsere unterschwelligen Gefühle zu erkennen und sie so gut wie möglich zum Schweigen zu bringen, so dass die Tatsachen in uns die Gefühle wecken können, die zu diesen Tatsachen gehören. Dann wird schließlich das Gefühl zu einem Sinn für das, was wahr ist. Wenn man mit anderen Menschen zu tun hat, geht es nicht so sehr darum, was wahr ist. Obwohl man sich die Frage stellen kann: 'Stimmt es, was der andere sagt?', geht die Reichweite der Gefühle in der Interaktion weit über den reinen Bereich der Wahrheit hinaus.

Das Beste, was wir hier tun können, ist, uns zu entschließen, eine Übung, eine Reihe von Übungen zu machen, in der Hoffnung, dass sie uns zur Selbsterkenntnis in Bezug auf unsere Gefühle und sogar zu einer Beherrschung des subjektiven Gefühls führen, die es uns ermöglicht, wahre

Gefühle zu entwickeln.

Der erste Schritt, den wir tun werden, besteht darin, einen Bereich zu betreten, der noch nicht sehr schwierig ist, weil er nicht mit unserem Schicksal verwoben ist. Wir werden uns ansehen, was jemand in einem Interview, einer Präsentation oder auf einer Pressekonferenz sagt, wählen sie ganz nach Wunsch. Wir schauen es uns im Fernsehen, auf YouTube oder auf anderen Videokanälen an. Wir sind außerhalb, wir nehmen nicht an einem Gespräch teil, aber jemand spricht. Es ist nicht leicht, die richtige Position zu unseren Gefühlen einzunehmen.

Zunächst versuchen wir zu schauen, zu hören und in uns selbst wahrzunehmen, welche spontanen Gefühle auftauchen. Diese können sich aus dem Inhalt ergeben, aber auch sehr wohl aus der Person, die spricht. Damit sind wir auch hier direkt bei der Unterscheidung zwischen Inhalt und Form. Zuerst schauen wir uns an, was der Inhalt an Gefühlen in uns auslöst, dann schauen wir uns an, wie jemand sich präsentiert und spricht, und wir schauen, was das an Gefühlen in uns auslöst. Wir sind nicht Teilnehmer des Gesprächs, wir haben keine Verantwortung für das, was wir bewirken, wir können uns ruhig dem Handeln des Sprechers überlassen.

Sie werden sehen, dass dies etwas ganz anderes ist als das Lesen eines Zeitungsartikels. Hier spielt die Wirkung des Sprechers eine sehr große Rolle. In der Vergangenheit hatte ich viele Gespräche mit dem Kabarettisten Toon Hermans, und einmal fragte er mich, wie es mir während der Sprechstunde ergangen sei. Ob ich den Menschen wirklich immer zuhöre. Das ist etwas, was ich immer sehr wichtig fand, zu hören, was jemand sagt, wenn er in die Praxis kommt. Also sagte ich: 'Ja, ich höre den Menschen zu'. Und dann hat er mich belehrt, dass ich das eigentlich nicht tun sollte, weil die Leute sowieso nie die Wahrheit sagen, dass es viel aufschlussreicher sei, wenn man die Leute *anschaut*. Das ist natürlich auch ein wichtiger Teil einer Beratung, dass man schaut. Und in der Regel gibt es dafür eine Art Programm, was man sich genau anschauen muss. Aber das war nicht das, was er meinte, er meinte, dass man in einem echten Gespräch mit dem Patienten nicht so sehr zuhören als vielmehr schauen muss. Dann sieht man, was die Person wirklich sagen will. Manche Menschen haben ein natürliches Talent dafür, sehr stark wahrzunehmen, wie sich jemand präsentiert. Andere haben die Gabe, ein guter Zuhörer zu sein. Am besten ist es, wenn Sie beides tun können, und das ist die Aufgabe für diese Woche: zuhören und hinschauen und notieren, welche Gefühle auftauchen.

Es ist nicht unsere Absicht, den Redner in ein zu sezierendes Objekt zu verwandeln, wir müssen dies mit Respekt und Ehrfurcht vor dem Redner tun. Wir versuchen, so ehrlich wie möglich zu schauen und zuzuhören, was aber nicht bedeutet, dass nicht auch alle möglichen persönlichen Gefühle aufkommen. Wir wollen sie kennenlernen. Und wir lernen sie leichter kennen, wenn wir einen Redner sehen und hören, der sich von unserer Anwesenheit nicht stören lässt.

DIE WÜRDE DES MENSCHEN
DIE ACHTE ÜBUNG

Im sozialen Kontakt spielt das Gefühlsleben natürlich eine sehr große Rolle. Es hängt davon ab, wie die Wetterlage des Gemüts ist, ob man eher kritisch oder nachsichtig ist. Nun ist die Liebe die wichtigste Kraft und Macht im sozialen Kontakt. Und wenn man soziale Kontakte als Übungsmaterial benutzt, dann kann das sehr wohl eine Sünde gegen die Liebe sein. Wenn man so übt wie beim letzten Mal, spielt es keine Rolle, weil man nicht an dem sozialen Kontakt teilnimmt. Um jedoch unser Gefühlsleben richtig zu steuern und es richtig zu entfachen, müssen wir auf die Gefühle achten, die im sozialen Kontakt zu Gedanken werden. Auch hier spielt es eine große Rolle, was für ein Mensch man ist, aber ich glaube sagen zu können, dass es niemandem, außer vielleicht einem Heiligen, gelingt, im subjektiven Gefühlsleben während des sozialen Kontakts völlig zu schweigen.

Die Frage ist also: Was genau werden wir untersuchen? Und wie können wir das tun? Im Umgang mit Menschen spielt die Wahrheit eine ganz andere Rolle als im Prozess des Erkennens, Verstehens, Durchschauens. Wenn es richtig ist, verkehrt man nicht mit dem Mitmenschen, weil man ihn ganz durchschauen will, sondern man verkehrt mit dem Mitmenschen wegen des Austausches und wegen des hin und her wirkenden Liebesimpulses. Mit Liebe meine ich nicht die erotische, sexuelle Liebe, sondern die Wärme und das Interesse für etwas anderes als sich selbst, nämlich für den anderen. Diese Wärme und dieses Interesse kann man auch sehr gut haben, wenn es keine Wahrheit gibt.

Die Wahrheit nimmt im sozialen Kontakt eine andere Form an und wird zur *Wahrhaftigkeit*. Was bedeutet das? Es bedeutet, dass die Liebe verlangt, dass man im Umgang mit seinen

Mitmenschen wirklich der ist, der man ist. Dass man keine Rolle spielt, dass man nicht versucht, etwas anderes zu sein, als man ist, sondern dass man den Mut hat, wirklich so zu sein, wie man ist. Nur dann hat die Liebe eine Chance. Vorher wird sie im Keim erstickt. Und wenn man sagt 'Lerne Fühlen', bedeutet das auch, dass man die Liebe lernen will. Und wenn man sie lernt, dann kann es einem nicht passieren, dass man jemanden gedankenlos übergeht oder seine Interessen nicht respektiert, dass man seine eigenen Flügel so ausbreitet, dass der andere keine Chance hat, oder dass man sich verkriecht, weil man Angst vor den Flügeln des anderen hat. Sobald die Liebe auf der Bühne erscheint, kann dies nicht mehr geschehen. Und Liebe ist direkt mit Wahrhaftigkeit verbunden.

Dann gibt es noch eine weitere Eigenschaft, die im sozialen Kontakt wichtig ist, nämlich die Fähigkeit, Dinge zu schätzen. Im sozialen Umgang gilt das Grundprinzip, dass alle Menschen gleichwertig sind. Wenn man von Talent, von Begabung, von Können, von Intelligenz, von Lernen, von künstlerischem Können spricht, dann kann man nicht von 'Gleichheit' zwischen den Menschen sprechen, denn es gibt eine enorme Vielfalt. Dies bestimmt aber nicht den *Wert des Menschen*. Und wenn wir lernen wollen zu fühlen, dann sollten wir eine Denk- und Fühlübung für den Kern der Sache machen, nämlich dass *alle* Menschen *gleichwertig* sind. Dann muss man nicht mit komplizierten Prinzipien eines Diskriminierungsverbote kommen, mit der Forderung, dass es keinen Unterschied zwischen den Präferenzen für das Geschlecht geben darf, dann fallen diese Unterschiede auf einmal alle weg, denn wenn alle Menschen gleichwertig sind, wenn sie einen Wert haben, der absolut gleich ist, dann entsteht ein ganz anderes zwischenmenschliches Verhältnis.

Als achte Übung möchte ich eine Vertiefung des Gefühls geben, dass der Wert aller Menschen gleich ist. Ob man es mit einem Lügner oder einem Wahrheitsverkünder zu tun hat, ob man es mit einem rechten oder einem linken Politiker zu tun hat, das alles spielt für den Wert des Menschen keine Rolle. Ich höre Sie protestieren, es gibt in der Geschichte eine ganze Reihe von Beispielen von Menschen, die man mit Recht als wertlos bezeichnen könnte, aber das ist nicht das, was ich meine. Das heißt nicht, dass man das Schlechte in den Menschen nicht sehen und nicht ablehnen sollte. Das bedeutet aber nicht, dass man den *Menschen* ablehnen sollte, sondern dass man ihn weiterhin als gleichberechtigten Teil der Gesellschaft sehen sollte, zu der auch man selbst gehört.

Dies ist das Thema der Überlegungen dieser Woche. Diesmal geht es nicht um eine konkrete Situation, sondern um eine Uridee, nämlich um den *Wert des Menschen*. Denken Sie darüber nach und versuchen Sie zu verstehen, was ich mit *Gleichwertigkeit* meine. Vielleicht werden Sie im Laufe dieser Überlegungen die Erfahrung machen, dass Sie als Mensch überhaupt nicht lieben können, wenn Sie sich dieses Prinzip nicht zu eigen machen. Und später, wenn Sie eine kritischere Haltung gegenüber bestimmten Führungspersönlichkeiten in der Politik einnehmen, werden Sie vielleicht feststellen, dass es sehr gut zusammenpassen kann, wenn Sie die Werte intakt lassen, aber dennoch bestimmte Dinge ablehnen. Vielleicht müssen wir sie sogar zurückweisen. Aber wenn wir damit anfangen und nicht gründlich darüber nachgedacht und gefühlt haben, dass *jeder* Mensch gleich viel wert ist, dann sollten wir besser aufhören zu üben, denn dann geht man einen Weg, der ohne Liebe ist.

Der soziale Kontakt verlangt uns nun so viel ab, dass wir bemerken werden, dass wir nicht in der Lage sind, während einer Begegnung gleichzeitig auf unsere Gefühle zu achten und sie sogar zu kontrollieren. Das kann man später tun, aber sicher nicht am Anfang, und sogar wenn man eine gewisse Fähigkeit entwickelt hat, seine Gefühle zu kontrollieren, wird man immer bemerken, wie viel Raum eine Begegnung in seinem Gemüt einnimmt, die einen in das Geschehen hineinzieht. Das ist auch das Schöne an einer Begegnung, dass man nicht daneben steht, um sich selbst und den anderen zu betrachten, sondern dass man in ihr aufgeht. Auch das ist eine Haltung der Wahrhaftigkeit. Wenn man mit Menschen zu tun hat, die meinen, sich zu entwickeln, indem sie neben sich stehen und nicht mehr spontan am Moment selbst teilnehmen, dann erlebt man, wie lieblos das ist. Die *Liebe* verlangt eine *totale Hingabe*, und das muss mit dem *Verlust des Selbst* geschehen. Es gibt keinen anderen Weg, und das bedeutet, dass man eigentlich nicht auf sich selbst achten sollte. Aber was man tun kann, ist, wenn alles vorbei ist und man zur Ruhe gekommen ist, von der Erinnerung und von dem, was noch von diesem Ereignis im Gemüt ist, den Versuch zu unternehmen, seine Gefühle zu untersuchen. Auch hier wird es so sein, dass man mehr Einblick in bestimmte Gedanken hat, die man gehabt hat, als dass man ganz konkret weiß, was man gefühlt hat, aber dennoch müssen wir dahin kommen. Letztendlich kann man sagen, dass die Aufgabe des Lernens seine Gefühle zu erleben einerseits darin besteht, *Gleichmut* zu entwickeln, der es ermöglicht, dass objektive Gefühle durch diesen Zustand des Gleichmuts aufkommen können. Sie tauchen immer auf, aber man bemerkt sie nicht. Gleichmut auf der einen Seite aber das *Erleben* der Gefühle auf der anderen Seite, bedeutet auch, dass man aktiv nach positiven Gefühlen sucht. Die negativen Gefühle kommen spontan noch leichter auf als die positiven Gefühle. Letztere muss man viel häufiger suchen. Aber das Gefühlsleben lebt vom Positiven. Wir suchen also einen tiefen Gleichmut, begleitet von der Suche nach allem, was positiv ist.

Das ist es, was wir letztendlich erwarten können, wenn wir

lernen, das Fühlen zu erleben. Dazu brauchen wir Gleichmut, denn er gibt uns neben größerer Klarheit in Bezug auf das objektive Empfinden auch die Möglichkeit, uns mehr und mehr dem anderen in einer Situation hinzugeben, während alle Gedanken und eigenen Gefühle schweigen. Das nennt man Unbefangenheit. Man braucht sich nur die Kinder anzuschauen, und man weiß, worum es geht. Und nichts ist schmerzhafter, als zu sehen, wie Erwachsene sich zum Beispiel für die Unbefangenheit ihrer Kinder schämen können. Wir können das Kind als Beispiel nehmen, und wir werden in den kommenden Übungen schrittweise versuchen, *Gleichmut, Positivität* und *Unbefangenheit* im Gefühlsleben zu wecken.

Wir haben einen ersten Schritt in Richtung Positivität getan, indem wir uns bewusst gemacht haben, dass es Gleichwertigkeit unter den Menschen gibt. Wenn dies in uns sehr stark werden kann, als eine Art Fundament für alle anderen Gefühle im sozialen Kontakt, dann werden wir sehen, dass Wunder in unserem Leben geschehen. Das, was im Umgang mit anderen Menschen so unangenehm ist und wofür man am liebsten dem anderen die Schuld gibt, wird eine andere Form annehmen.

Es ist immer so, dass der Verlauf eines Ereignisses von den Details und der wirkenden Kraft, die diese Details hervorbringt, bestimmt wird. Das ist bei einer Begegnung immer der Fall, und je mehr man mit jemandem zusammen ist, desto intensiver kann der Verlauf sein. Positiv und negativ. Wenn man sich das Bewusstsein der Gleichwertigkeit zu Eigen gemacht hat, dann bringt man ein Element in die treibende Kraft des Ereignisses ein, das vorher nicht da war. Und das wird jeder Teilnehmer zu spüren bekommen. In der Regel nicht in dem Sinne, dass die betreffende Person auch sagen kann: 'Ich fühle, dass ich jetzt geschätzt werde', aber die Wirkung der Wertschätzung ist zweifellos und ausnahmslos vorhanden. Das bedeutet nicht, dass wir uns plötzlich im Himmel auf Erden befinden. Soziale Kontakte bleiben eine spannende Herausforderung und die Tatsache, dass wir die Wertschätzung aller Menschen in unserem Herzen tragen, wird die Sonne aufgehen lassen. Aber es gibt immer noch viele Wolken, auch bei uns selbst.

In dieser Woche werden wir versuchen, jeden Tag einen ruhigen Moment am Ende des Tages zu finden, es muss nicht am Abend sein, es kann auch am Nachmittag sein, um uns an eine der Begegnungen des Tages zu erinnern. Wir blicken so offen wie möglich darauf zurück und versuchen in erster Linie festzustellen, welche Nachwirkungen dieses Treffen bei uns ausgelöst hat. Wie fühlen Sie sich nach dieser Begegnung und welche Gefühle herrschen in Ihnen vor? Und dann lassen Sie die Ereignisse dieser Begegnung Revue passieren und versuchen, sich daran zu erinnern, was Sie als Reaktion auf das Ereignis gedacht und gefühlt haben. Inwieweit haben Sie dies aus Egoismus getan? Gab es auch Momente, in denen Sie sich wirklich dem hingeben konnten, was die andere Person in diesem Moment ausdrücken wollte? Auch wenn es um den Kauf eines neuen Paars Schuhe geht, es muss nicht um tiefe Inhalte gehen, wichtig ist: Waren Ihr Gemüt und Ihre Gefühle offen genug, um sich für die Gefühle der anderen Person zu interessieren? Haben Sie etwas von den Gefühlen der anderen Person in Ihrem Gefühlsleben mitbekommen? Und schließlich, wie haben Sie die Gleichwertigkeit aufrechterhalten? Ist es Ihnen gelungen, sich grundsätzlich bewusst zu machen, dass der Wert eines Menschen feststeht, egal was er sagt oder tut, wie er sein Leben organisiert? Im Zustand des Menschseins hat jeder Mensch einen Wert. Das ist die letzte Frage, die Sie sich stellen sollten: Inwieweit ist es Ihnen gelungen, die Übung der letzten Woche auf die heutigen und morgigen Begegnungen usw. zu übertragen?

GLEICHMUT
DIE NEUNTE ÜBUNG

Sie werden feststellen, dass es *stimmt*, womit ich das vorige Kapitel begonnen habe, dass man in den sozialen Kontakt hineingezogen wird und dass es einen großen Tumult der Emotionen gibt. Darin müssen wir lernen, unseren Weg zu finden, damit wir den anderen ruhig und gelassen in seiner Würde belassen können, aber auch, damit wir unseren eigenen Wert schützen können.

Das wird die neunte Übung sein. In dieser Übung werden wir täglich versuchen, im Sturm der Gefühle im sozialen Kontakt *standhaft* zu bleiben. Wir werden es nicht den ganzen Tag lang versuchen, aber wir werden versuchen, in einer ausgewählten Begegnung völlig gelassen, gleichmütig, ruhig zu bleiben, egal was passiert, von Anfang bis Ende. Man muss lernen, sich wie eine Person zu fühlen, die in der Lage ist, einen Sturm zu beruhigen. Verwandlung eines wild wogenden Meeres in ruhiges, kräuselndes Wasser. Um einen herum können die Wellen steigen, aber nicht in einem selbst. Man bleibt inmitten aller möglichen Emotionen völlig ruhig.

Man nimmt sich das vor und am Ende des Tages sieht man, wie weit man damit gekommen ist. Die erste Schwierigkeit liegt in der *Vergesslichkeit*, mit der wir begabt sind, so dass man einen solchen Vorsatz fassen kann, aber oft stellt sich heraus, dass man, wenn das Ereignis vorbei ist, nicht mehr daran gedacht hat. Dann muss man nach der nächsten Gelegenheit an diesem Tag Ausschau halten, um weiterhin *Gleichmut* zu üben, und es kann gut sein, dass die anderen Begegnungen an diesem Tag heftiger sein werden als sonst, was ein Rückschlag für den erreichten Gleichmut sein kann. Man muss das alles berücksichtigen und darf sich nicht unterkriegen lassen.

Diese Art, das Fühlen zu lernen, ist nichts für Menschen, die sich gerne in Sensationen und Aufregung verlieren.

Dieser Weg, das Fühlen zu lernen, ist auch nichts für Menschen, die negative Gefühle mögen - denn diese Menschen gibt es. Dieser Weg eignet sich für Menschen, die auf der Suche nach der *Wahrheit*, dem *Schönen* und dem *Guten* im Leben sind und das Bedürfnis haben, endlich eine über die ganze Erde verteilte Gemeinschaft von Menschen zu bilden, die wirklich auf dem Weg zu diesen drei großen Idealen sind. Man kann sie auch anders nennen, man kann *Freiheit, Gleichheit* und *Brüderlichkeit* sagen. Die muss man lieben, wenn man sich auf diesen Weg begibt. Aber ich bin der Überzeugung, dass im Grunde alle Menschen nach diesen Dingen suchen. Und wenn es den Anschein hat, dass sie das Negative lieben oder den Sturm dem Frieden vorziehen, dann liegt das daran, dass der Kern ihres Wesens zu sehr unter all den Lasten begraben ist, mit denen ein Mensch auf Erden herumlaufen kann. Und wenn wir uns gegenseitig betrachten, müssen wir uns immer bewusst sein, dass es sehr unterschiedlich ist, welchen Hintergrund die Menschen in diesem Leben haben. Ich spreche nicht von einem möglichen Karma, ich spreche von einer Entwicklung, die in diesem Leben liegt, die natürlich so unterschiedlich ist, wie es Menschen gibt.

Aber im Moment geht es darum, für sich selbst zu entscheiden, dass der tiefste Wunsch darin besteht, die Wahrheit, das Schöne und das Gute zu suchen. Die Liebe lebt in allen drei Idealen. In dieser Woche wollen wir unseren Geist so vorbereiten, dass es möglich wird, in den Gefühlen völlig still zu werden, so dass das, was wir 'objektives Gefühl' genannt haben, die Chance hat, zu keimen und zu wachsen und zu gedeihen.

DIE LASTER

DIE ZEHNTE ÜBUNG

Als moderne Menschen haben wir den Blick für unsere Sündhaftigkeit völlig verloren. Wir haben uns größtenteils von den Werten des Glaubens verabschiedet und halten uns halb bewusst dafür, dass wir eigentlich die Perfektesten aller Weltbürger sind, und deshalb vertragen wir auch keine Kritik. Das ist die eine Seite der Sache. Aber die andere Seite ist, dass es in jedem Menschen einen Sinn für Wahrheit gibt, auch in Bezug auf sich selbst, und dass man sehr wohl weiß, dass man nicht perfekt ist, und dass man danach streben möchte.

Dante Alighieri, 1265-1321

Mit diesem Buch über das Erlernen des Fühlens leiste ich einen Beitrag zu dieser Entwicklung. Und so wie ich in dem Buch 'Lerne Denken!' die Unterstützung großer Denker gesucht habe, so suche ich jetzt die Unterstützung 'großer Fühler'. Im Allgemeinen sind es eher die religiösen Schriften, wie die Bhagavad Gita, die diese schönen Worte darüber enthält, was mit der Seele geschieht, wenn sie sich auf einen Körper beschränken muss. Und so gibt es in einer viel späteren Zeit, nämlich im Mittelalter, eine Schrift, die äußerst lesenswert ist, wenn man fühlen lernen will, und das ist Dantes 'Göttliche Komödie'.

Er beschreibt eine Hauptfigur, die die Möglichkeit erhält, eine Reise durch das Reich nach dem Tod zu unternehmen, ohne gestorben zu sein. Diese Reise führt durch die Hölle, durch das Fegefeuer und zur himmlischen Rose. Wenn man als Mensch allgemeine Selbsterkenntnis erlangen will, dann kann man an solchen Schriften wirklich Freude haben.

Dann kommt Dante mit einer *Theorie der Sünde*. Wir müssen uns vorstellen, dass wir es mit einem italienischen Schriftsteller aus der Zeit zu tun haben, als der Katholizismus die einzige Religion in Europa war, und dass diese Sündenlehre daher nur einen katholischen Ausdruck haben kann. Aber wir haben gelernt, uns darum nicht zu kümmern, die Gefühle, die sie hervorruft, zu ignorieren und uns nur mit dem Inhalt und der Form zu beschäftigen. Und wenn wir Selbsterkenntnis über unser Gefühlsleben erlangen wollen, damit wir zu einem reinen Gefühl kommen können, dann ist es sehr wichtig, dass wir die Abweichungen in uns selbst, die im Gefühlsleben immer egoistischer Natur sind, kennenlernen, damit wir sie im Leben, im Lebensgeschehen erkennen können. Bevor wir also unsere Übungen im Leben fortsetzen, ziehen wir uns eine Woche zurück, um die Abweichungen des Gefühlslebens zu studieren.

Im Fegefeuer, in Dantes 'Göttlicher Komödie', werden diese Abweichungen vom Gefühlsleben sehr plastisch in Form von bestimmten Strafen dargestellt, denen sich die Seele nach dem Tod unterziehen muss, um sich zu läutern. Dieses Fegefeuer ist die *Purificatio*, der *Berg der Läuterung*, den es zu erklimmen gilt.

Ich werde diese mittelalterliche Sündenlehre kurz zusammenfassen, und wir wollen sie in der kommenden Woche vertiefen, wobei wir nicht nach Sünden in anderen, sondern ausschließlich nach Sünden in uns selbst suchen.

Ein Zitat aus der 'Gottlichen Komödie' von Dante:

'Weder der Schöpfer noch die Schöpfung waren je ohne Liebe, sei es natürliche, sei es geistige Liebe. Die natürliche Liebe irrt nie, die geistige jedoch kann in drei Weisen irren: indem sie sich auf das Böse richtet, oder indem sie zu viel oder zu wenig Kraft entfaltet. Solange sie sich auf das höchste Gute richtet und in den irdischen Gütern das richtige Maß hält, kann sie nie Ursache eines sündigen Genusses sein, aber wenn sie sich zum Bösen wendet, oder mit mehr oder weniger Eifer als richtig ist das Gute sucht, sündigt das Geschöpf, da es sich gegen seinen Schöpfer wendet. Hieraus geht hervor, dass die Liebe notwendig der Samen jeder Tugend, wie auch jeder Sünde sein muss.'

Und:

'Der Mensch kann wie gesagt nicht sich selbst hassen, insoweit er derjenige ist, der Liebe ausstrahlt. Deshalb kann er nicht das Böse in sich selbst lieben, sondern nur im Mitmenschen. Drei Abirrungen gibt es hier. Erstens kann es sein, dass der Mensch sich auszeichnen will durch Erniedrigung seines Nächsten. Solche Menschen sehnen sich nach dem Sturz des Mitmenschen. Diese Sünde wird *Superbia* genannt, der Stolz. Zweitens gibt es Menschen, die nicht ertragen können, dass es dem Nächsten gut geht. Sie befürchten die Erhöhung der Macht des Anderen und wünschen das Gegenteil. Das ist *Invidia*, der Neid. Drittens gibt es die Rachsüchtigen, die so sehr beleidigt sind durch ein erlittenes Unrecht, dass sie dem Nächsten gewaltsames Übel wollen. Diese Sünde ist *Ira*, der Zorn.

Diese drei Sünden beruhen also auf Liebe zum Übel beim Nächsten.

Dann gibt es die Sünde, die auf einem Mangel an Liebe beruht, auf zu wenig Liebe. Sie wird *Acedia* genannt, die Trägheit, auch Lauheit. Diese Sünde wurde im Lauf der Jahrhunderte immer mehr als die Hauptsünde gesehen, woraus eigentlich alle anderen Sünden hervorgehen.

Die zu große Liebe zu irdischen Genüssen führt zu drei weiteren Sünden. Diese Liebe führt nicht zur ewigen Seligkeit, noch nach dem höchsten Gut, das Frucht und Wurzel alles Guten ist. Es sind die drei Sünden, die auf Wünschen beruhen: *Avaritia*, Habsucht; *Gula*, Völlerei, Fressgier; und *Luxuria*, Wollust.'

Wir werden uns in diese sieben Hauptsünden, die jetzt genannt wurden, vertiefen. Wir werden uns so in sie vertiefen, dass wir uns fragen, inwieweit diese Gefühle bei der Beurteilung all dessen, was wir tun, eine Rolle spielen. Vor allem, wenn es um unsere Mitmenschen geht. Die Abweichungen des Gefühlslebens, die es zu überwinden gilt, sollten zumindest vorübergehend beiseite gelegt werden können, wenn wir das wahre Gefühl kennenlernen wollen. Sonst bleiben wir immer in unseren Gefühlen des *Stolzes*, des *Neides*, des *Zorns*, unserer Neigung zur *Faulheit*, der *Gier*, der *Lust* am körperlichen *Vergnügen*, die sich in *Völlerei* und *Wollust* entlädt, stecken. Manche Menschen suchen einen Himmel auf Erden und finden die Erde meist als Hölle vor. Aber das hat wirklich damit zu tun, dass man seine Gefühle nicht unter Kontrolle hat, und man hat keine Kontrolle über sie, weil man sie nicht kennt.

Dies ist die Woche der Selbsterkenntnis, der *sieben Hauptsünden* nach Dante.

Und wir können es wiederum mit den drei Gruppen von *Gunas* vergleichen, die in der 'Bhagavad Gita' beschrieben werden.

SUCHE DAS GLÜCK

DIE ELFTE ÜBUNG

Es ist klar, dass wir in dieser kurzen Form nur einen Teil des gesamten Gefühlslebens erfassen können. Die Entwicklung und Erziehung des Gefühlslebens ist etwas für ein ganzes Leben, vielleicht für mehrere.
Die Entwicklung des Denkens liegt im vollen Licht des Tages, die Entwicklung des Fühlens liegt im Zwielicht. Im Abendrot und im Sonnenaufgang. Da muss man sich dessen bewusst werden und außerdem hat es einen unbeschreiblichen Reichtum, sowohl im Negativen als auch im Positiven. Wenn Sie 'Lerne Fühlen!' ausrufen, meinen Sie damit, dass Sie Ihr Gefühlsleben stärken, es bewusster und zielgerichteter machen wollen, damit es zu einem *Sinn für die Wahrheit*, für *das Schöne* und für *das Gute* wird. Diese Möglichkeit ist wirklich im Gefühlsleben verborgen. Natürlich kann dies nicht in ein paar Monaten geschehen. Ich wiederhole es nochmal: Es handelt sich um eine lebenslange Aufgabe, vielleicht sogar um eine Aufgabe für *mehrere* Leben. Aber irgendwann einmal muss man damit anfangen.

Nun gibt es eine sehr konkrete Möglichkeit, einen kleinen Teil des Gefühlslebens zu beherrschen. Wenn man sich sagt: 'Ich will jetzt absichtlich glücklich sein', ist das nicht möglich. Man muss bestimmte Qualitäten im Leben finden, mit denen man das verbinden kann. Es ist nicht möglich, aus heiterem Himmel glücklich zu werden. Jeder Mensch hat Glück im Leben. Selbst der unglücklichste Mensch hat Aspekte in seinem Leben, die man als glücklich bezeichnen kann. Nichts hindert Sie daran, nach diesen Aspekten zu suchen und sie Ihre Gefühle wecken zu lassen. Tauchen in Sie die Erinnerungen ein, suchen Sie in der Perspektive Ihrer Zukunft nach dem Glück in Ihrem Leben. Und genießen Sie das.

Hören Sie auf, sich all dem Unglück entgegenzustellen, das Ihr Glücksgefühl schwächt, und beginnen Sie, nur nach Ihrem Glück zu suchen. Zweifellos werden Sie anfangs ein Gefühl der Ohnmacht haben, denn selbst wenn Sie die glücklichen Momente und die Dinge oder Ereignisse in Ihrem Leben finden, die Sie glücklich machen, können Sie Ihre Gefühle nicht sofort dafür erwärmen. Das erfordert Übung. Und dafür ist es notwendig, das Positive nicht nur in Ihrem persönlichen Leben zu suchen, sondern das Positive im Leben im Allgemeinen zu suchen. Und das wird die Aufgabe dieser Woche sein. Es wird nicht funktionieren, wenn Sie sich morgens beim Aufwachen sagen: 'Jetzt werde ich nach dem Positiven suchen'. Das können Sie sagen, aber nach kurzer Zeit werden Sie es vergessen haben und wieder von Ihrer allgemeinen Stimmung überwältigt sein. Vielleicht könnte man sagen, dass die Menschen heute mehr zur Kritik als zum Positiven neigen. Es wird uns auch sehr schwer gemacht, positiv zu bleiben. Aber diese Übung ist nicht dazu gedacht, dass Sie sagen: 'Ich muss jetzt den ganzen Tag positiv sein', das ist nicht möglich. Die Übung besteht darin, dass Sie nachher, am Ende des Tages, in einem Moment der Übung auf bestimmte Ereignisse, Gespräche und Begegnungen zurückblicken. Wählen Sie einen kleinen Teil davon aus und suchen dann nach dem Positiven, dem wirklich Positiven. Man fantasiert also nicht, man lobt nicht, man macht nicht etwas, das nicht positiv ist, positiv, sondern man sucht das Positive im Gegebenen. Und das ist da. Angenommen, Sie wählen einen Zeitungsartikel mit einem Thema, das Sie sehr irritiert. Dann stellen Sie sich selbst eine ziemlich schwierige Aufgabe, aber es ist machbar. Sie können in dem Artikel, der Sie so sehr irritiert, nach dem Positiven darin suchen. Und das gibt es nicht, dass es nicht vorhanden ist.

Eine größere Herausforderung ist der Kontakt mit den Mitmenschen. Wenn man verliebt ist, befindet man sich in einem glückseligen Zustand der Positivität. Dann sieht man das Positive in der anderen Person, das vielleicht sonst niemand sieht, und das trotzdem wahr ist. Die bekannte Redewendung 'Liebe ist blind' ließe sich besser in 'Liebe ist hellsichtig' umwandeln, denn man sieht das Positive, das niemand sieht, das aber da ist. Diese *Hellsichtigkeit*, die zum Verliebtsein gehört, soll nun auf eine Alltagssituation übertragen werden. Man fantasiert also nicht, man übertreibt nicht, sondern man sucht in aller Ruhe nach Elementen, die wirklich positiv sind.

In den Niederlanden gab es einen großen Fußballer, Johan Cruyff, der einen Slogan hatte: 'Jeder Nachteil hat seinen Vorteil'. Das ist es, was wir diese Woche üben wollen: In jedem Nachteil den Vorteil zu suchen, in jedem Ereignis das Positive zu sehen. Und wenn es um Menschen geht, wenn man sich mit jemandem unterhalten hat, in den man nicht verliebt ist, oder vielleicht sogar mit jemandem, an dem man normalerweise viel Kritik übt, dann kann man das auch ruhig haben, aber man sucht auch nach dem Positiven in der anderen Person. Achten Sie sehr aktiv auf die positiven Eigenschaften, Elemente des Ereignisses, Sätze, die er oder sie gesprochen hat, Gesichtsausdrücke, die er oder sie hatte. Es gibt immer genug Positives zu finden.

Sie sind dann im Gefühl aktiv geworden. Nicht, indem man das Gefühl aufpeitscht, sondern indem man nach Inhalten im Leben sucht, die einem ein bestimmtes Gefühl geben können. Das kann man mit dem Glück im eigenen Leben und mit dem Positiven in den alltäglichen Ereignissen erreichen.

NOVALIS

DIE ZWÖLFTE ÜBUNG

Im Laufe der verschiedenen Übungen haben wir das Gefühlsleben ein wenig besser kennengelernt, als wir es von Natur aus tun. Das Gefühlsleben ist eine Herausforderung im menschlichen Leben; es bringt die schönsten, aber auch die dunkelsten Momente hervor. Und es ist schwierig für uns, es zu erreichen.

Gefühle kommen hoch, ohne dass man sie kontrollieren kann, und man hat vielleicht einen sehr vorsichtigen Beginn der Möglichkeit gespürt, mit seinen Gefühlen auf selbstbewusste Weise umzugehen. Man kann sie nicht einfach formen.

Aber man kann seine Gedanken gestalten. Und in diesem Sinne ist es möglich, durch die Bildung anderer Gedanken als derjenigen, die natürlicherweise in einem aufkommen, auch seine Gefühle zu verändern. Der Weg, den wir eingeschlagen haben, führt zu einem klar definierten Punkt, und das ist der Punkt, an dem man als Kind natürlicherweise war. Dieser Punkt ist verloren gegangen, ist verdorben, auf der anderen Seite ist er auch entwickelt und geklärt und verbessert worden, aber er hat nicht mehr diese unmittelbare Unschuld, die im kleinen Kind noch sehr deutlich ist. Der Weg, den wir durch unsere Übungen gegangen sind, führt zu dem Punkt, an dem wir als Kinder waren.

Das ist der Punkt, an dem man nicht durch all seine gefühlsmäßigen Erlebnisse in seinem Leben belastet ist, an dem man nicht durch all die Meinungen und Vorurteile belastet ist, die man in der Zwischenzeit gebildet hat, an dem man nicht durch seine nationale Prägung, seine Erziehung, sein Lernen oder Verlernen und so weiter belastet ist. Man kehrt dann zu dem Punkt zurück, an dem all diese Dinge noch nicht vorhanden waren. Und man findet dann einen Punkt in seinem Gefühlsleben, an dem man völlig verletzlich und unschuldig ist. In diesem Punkt ist alles möglich, und das, was zu einem kommt, fühlt sich so rein und ursprünglich an, wie es nur sein kann. Man wagt es kaum, in diesem Punkt standhaft zu bleiben, denn es ist die Verwundbarkeit, vor der man sich fürchtet. In der Zwischenzeit hat man sich einen Panzer um sich selbst geschmiedet und alle möglichen Angriffspunkte geschützt, indem man eine ganze Reihe von Verteidigungsargumenten und Gefühlen aufgebaut hat, die man zwischen sich und dem anderen oder den anderen Dingen stellt.

Man lebt also in einer Welt, die die Eigenschaften von einem selbst hat. Und man könnte nicht entdecken, wie diese Welt in Wirklichkeit aussieht, wenn man sein Gefühlsleben nicht von allem Ballast befreien könnte, der mit seinem Leben zu tun hat. Man ist nicht eine Persönlichkeit, eine Individualität, wegen all dieser Eigenheiten. Die wahre Persönlichkeit, die wahre Individualität, kann nur dann zum Vorschein kommen, wenn man den Mut hat, verletzlich, offen und unschuldig zu sein. An diesem Punkt ist man völlig aufrichtig und ehrlich zu sich selbst. Man sollte nicht dem Irrglauben verfallen, dass das *Selbst* aus all den angesammelten Meinungen besteht, wie man die Dinge sieht und was man von ihnen hält. Dieser neue Punkt kann als der Punkt der *Aufgeschlossenheit* bezeichnet werden. Es ist das Zentrum seiner Seele, seines Gefühlslebens, wo das Gefühl in seiner reinen Qualität aufsteigt und nicht unter der Last des Lebens begraben wird.

Natürlich könnten Sie zu Recht einwenden, dass das Leben Ihnen nicht nur eine Last, sondern auch Früchte der Erfahrung gebracht hat. Und wenn man nur aufgeschlossen wäre und seine Erfahrungen völlig außer Acht ließe, dann wäre man in Gefahr, und diese Gefahr wäre real. Das ist wahr. Aber das ist nicht richtig, denn wenn man den Punkt der Aufgeschlossenheit wiedererlangt, bedeutet das nicht, dass man mit der Beseitigung all seiner Meinungen, Vorurteile und Gewohnheiten auch seine Lebenserfahrung über Bord wirft. Das tut man nicht, und das kann man auch nicht. Denn man bleibt vorerst wirklich der, der man ist. Man möchte nicht jemand anderes sein, man möchte sich selbst nicht als Person verlieren. Es geht nur um die Quelle, die in der Mitte seines Wesens sprudeln kann, ohne dass man ihr sofort etwas entgegensetzen kann. Aber derjenige, der die Gefühle erlebt, ist und bleibt natürlich derjenige, der auch die Lebenserfahrung und die Früchte aller Erfahrungen trägt. Der Unterschied besteht darin, dass diese das ursprüngliche, unbefangene, unschuldige Gefühl nicht beeinträchtigen.

Die Frage ist: Wie praktiziert man das? Wir können nur den ersten Schritt machen, aber dieser Schritt ist sinnvoll. Lass uns eine Woche lang alles *glauben*, was uns begegnet. Nicht glauben in dem Sinne, dass man es für sicher wahr hält, sondern glauben in einem vorläufigen Sinne. Nicht ablehnen, nicht annehmen, sondern glauben. Wenn Sie einer Pressekonferenz von Politikern zuschauen und es sind Politiker, die Sie nicht mögen, werden Sie dazu neigen, alles abzulehnen, was sie sagen. Wir werden das jetzt eine Woche lang nicht tun. Wir glauben, was sie sagen. Nicht glauben im Sinne von akzeptieren, sondern glauben in dem Sinne, dass die Person, die dort spricht, meint, was sie sagt. Es kann gut sein, dass es überhaupt nicht stimmt, aber das spielt keine Rolle für die Unbefangenheit. Wir suchen bei dieser Übung nicht nach der ultimativen Wahrheit, sondern nach der ultimativen Wahrheit in uns selbst, wo wir uns wie ein Kind befinden, voller *Unschuld* und *Unbefangenheit. Erstaunen.* Nicht Verblüffung, sondern Verwunderung. Auch kein Befremden. Erstaunen. Man gibt sich dem Lauf der Dinge hin, wie sie in seinem Leben geschehen, und man sieht, hört, schmeckt, riecht und versteht wie ein *Kind*. Ein Kind hat die Fähigkeit, wirklich an den Heiligen Nikolaus zu glauben. Und wenn es irgendwann aus seinem Traum herausgeholt wird, ist es immer noch in der Lage, das Fest auf der Grundlage der Erinnerung an seinen Glauben zu feiern. Und das können wir auch. Es gab eine Zeit in unserem Leben, in der wir sehr *aufgeschlossen* waren. Wir haben eine Erinnerung daran, auch wenn man nie darüber nachdenkt. Aber wir waren einmal so, und jetzt, in dieser Woche, versuchen wir, unbefangen, unschuldig, leichtgläubig, im besten Sinne des Wortes, durchs Leben zu gehen.

Novalis, 1772 – 1801

Es ist nicht sehr schwierig, Lehrer des Denkens zu finden. Aber wenn man sich nach Gefühlslehrern in der Geschichte der Menschheit sehnt, ist das eine andere Sache. Das hat damit zu tun, dass das Gefühl ein sehr *subjektives* Element ist. Es sind die Künstler, die Lehrer des Gefühls sein können, und so gibt es einen vergessenen Dichter, Ende des 18.

Anfang des 19. Jahrhunderts. Er starb jung an Tuberkulose, im Alter von 29 Jahren; er war Dichter und Bergbauingenieur, der Exaktheit und Schönheit in sich vereinte. Bei diesem Dichter, der auch Prosa schrieb, können wir getrost in die Lehre gehen und unsere Gefühle weiterentwickeln. Wir haben den Punkt gefunden, an dem alle Subjektivität schweigt und wir in völliger Unbefangenheit offen sind. Dieser Dichter, sein Name ist Friedrich von Hardenberg, vielleicht kennen Sie ihn unter dem Namen Novalis, hat ein Stück Prosa über eine Versammlung von Lehrlingen geschrieben, die die Natur erkunden. Es werden mehrere Gespräche zwischen Reisenden beschrieben, die sich in einem Institut treffen und dort tiefgründige Gespräche führen. An einem Punkt stehen sie zusammen und man hört Folgendes:

'O! daß der Mensch, sagten sie, die innre Musik der Natur verstände, und einen Sinn für äußere Harmonie hätte. Aber er weiß ja kaum, daß wir zusammen gehören, und keins ohne das andere bestehen kann. Er kann nichts liegen lassen, tyrannisch trennt er uns und greift in lauter Dissonanzen herum. Wie glücklich könnte er seyn, wenn er mit uns freundlich umginge, und auch in unsern großen Bund träte, wie ehemals in der goldnen Zeit, wie er sie mit Recht nennt. In jener Zeit verstand er uns, wie wir ihn verstanden. Seine Begierde, Gott zu werden, hat ihn von uns getrennt, er sucht, was wir nicht wissen und ahnden können, und seitdem ist er keine begleitende Stimme, keine Mitbewegung mehr. Er ahndet wohl die unendliche Wollust, den ewigen Genuß in uns, und darum hat er eine so wunderbare Liebe zu Einigen unter uns. Der Zauber des Goldes, die Geheimnisse der Farben, die Freuden des Wassers sind ihm nicht fremd, in den Antiken ahndet er die Wunderbarkeit der Steine, und dennoch fehlt ihm noch die süße Leidenschaft für das Weben der Natur, das Auge für unsre entzückenden Mysterien. *Lernte er nur einmal fühlen!* Diesen himmlischen, diesen natürlichsten aller Sinne kennt er noch wenig: durch das Gefühl würde die alte, ersehnte Zeit zurückkommen; das Element des Gefühls ist ein inneres Licht, was sich in schöner'n, kräftiger'n Farben bricht. Dann gingen die Gestirne in ihm auf, er lernte die ganze Welt fühlen, klärer und mannichfaltiger, als ihm das Auge jetzt Grenzen und Flächen zeigt. Er würde Meister eines unendlichen Spiels und vergäße alle thörichten Bestrebungen in einem ewigen, sich selbst nährenden und immer wachsenden Genusse. Das Denken ist nur ein Traum des Fühlens, ein erstorbenes Fühlen, ein blaßgraues, schwaches Leben.'

Wenn man den Punkt der *Aufgeschlossenheit* erreicht hat, hat man in der Tat den Punkt der Einstrahlung gefunden, den man die Seele nennen könnte, des eigentlichen individuellen Wesens, das man ist. Wenn man es nicht sofort mit Egoismus in Verbindung bringt, kann man es das *Ich* nennen, denn so spricht man sich selbst an. Wo also die Unbefangenheit in der Seele zu dem großen Frieden und der Ruhe geführt hat, die das Seelenleben kennzeichnen, wenn es entwickelt ist, da strahlt die Individualität hinein. Und diese Individualität, dieser Punkt, kann einen nur zu einem wirklich intensiven, zuverlässigen und objektiven Gefühl führen. Hier können wir uns wieder auf Novalis als Lehrer berufen, in dem kleinen Stück Prosa, das er über 'Die Lehrlinge zu Saïs' schrieb. Eine Mysterienschule im alten Ägypten, in der sich Menschen treffen, die sich weiterentwickeln wollen. In diesem kleinen Stück Prosa werden wir Zeuge einer Reihe von Gesprächen, die außerordentlich lehrreich sind, wenn man lernen will, zu fühlen. Nicht nur die Zitate, die ich hier anführe, sind dafür geeignet, man sollte das ganze Buch nicht nur *lesen*, sondern auch *fühlen*. Dann würde man allmählich erkennen, dass das Gefühlsleben etwas ganz anderes sein kann als das Aufkommen von Sympathie und Antipathie mit all den dazugehörigen Gefühlen. Dann möchte ich noch einen kleinen Abschnitt aus 'Die Lehrlinge zu Saïs' zitieren:

'Auf alles, was der Mensch vornimmt, muß er seine *ungetheilte* Aufmerksamkeit oder sein Ich richten, sagte endlich der Eine, und wenn er dieses gethan hat, so entstehn bald Gedanken, oder eine neue Art von Wahrnehmungen, die nichts als zarte Bewegungen eines färbenden oder klappernden Stifts, oder wunderliche Zusammenziehungen und Figurationen einer elastischen Flüssigkeit zu seyn scheinen, auf eine wunderbare Weise in ihm. Sie verbreiten sich von dem Punkte, wo er den Eindruck fest stach, nach allen Seiten mit lebendiger Beweglichkeit, und nehmen sein Ich mit fort. Er kann dieses Spiel oft gleich wieder vernichten, indem er seine Aufmerksamkeit wieder theilt oder nach Willkühr herumschweifen läßt, denn sie scheinen nichts als Strahlen und Wirkungen, die jenes Ich nach allen Seiten zu in jenem elastischen Medium erregt, oder seine Brechungen in demselben, oder überhaupt ein seltsames Spiel der Wellen dieses Meers mit der starren Aufmerksamkeit zu seyn. Höchst merkwürdig ist es, daß der Mensch erst in diesem Spiele seine Eigenthümlichkeit, seine specifische Freiheit recht gewahr wird, und daß es ihm vorkommt, als erwache er aus einem tiefen Schlafe, als sey er nun erst in der Welt zu Hause, und verbreite jetzt erst das Licht des Tages sich über seine innere Welt. Er glaubt es am höchsten gebracht zu haben, wenn er, ohne jenes Spiel zu stören, zugleich die gewöhnlichen Geschäfte der Sinne vornehmen, und empfinden und denken zugleich kann. Dadurch gewinnen beide Wahrnehmungen: die Außenwelt wird durchsichtig, und die Innenwelt mannichfaltig und bedeutungsvoll, und so befindet sich der Mensch in einem innig lebendigen Zustande zwischen zwei Welten in der vollkommensten Freiheit und dem freudigsten Machtgefühl.

Es ist natürlich, daß der Mensch diesen Zustand zu verewigen und ihn über die ganze Summe seiner Eindrücke zu verbreiten sucht; daß er nicht müde wird, diese Associationen beider Welten zu verfolgen, und ihren Gesetzen und ihren Sympathieen und Antipathieen nachzuspüren. Den Inbegriff dessen, was uns rührt, nennt man die Natur, und also steht die Natur in einer unmittelbaren Beziehung auf die Gliedmaßen unsers Körpers, die wir Sinne nennen. Unbekannte und geheimnißvolle Beziehungen unsers Körpers lassen unbekannte und geheimnißvolle Verhältnisse der Natur vermuthen, und so ist die Natur jene wunderbare Gemeinschaft, in die unser Körper uns einführt, und die wir nach dem Maaße seiner Einrichtungen und Fähigkeiten kennen lernen.'3

---

3 Zeno.org. Novalis, *Die Lehrlinge zu Saïs.*

PAULUS

Wir wollen auf die Übungen zurückblicken, die wir gemacht haben. Es gibt mindestens drei wichtige Eigenschaften im Gefühlsleben. Die erste ist *Wahrheit*, die zweite ist *Wahrhaftigkeit* und die dritte ist *Liebe*. Die Wahrheit liegt nicht so sehr im Gefühlsleben. Es geht um Inhalte, die man denkt und die mit der Sinneswahrnehmung zu tun haben können oder auch nicht. Von dem, was man denkt, will man entweder *anerkennen*, dass es wahr ist, oder man will *ablehnen*, dass es wahr ist. Das ist ein Gefühl. Wenn es im Denken und Wahrnehmen eine innere Logik und Übereinstimmung mit den verschiedenen Gedanken und Wahrnehmungen gibt, dann kann man die Wahrheit mit dem Denken erkennen. Es braucht keine Bestätigung, es braucht keine tiefere Ebene, um zu spüren, ob etwas wahr ist oder nicht.

Aber ein sehr großer Bereich des Lebens hat diese Wahrheit noch *nicht* in seinem Inhalt gegeben. Man muss darüber nachdenken, und wenn man anfängt zu denken, sucht man nach der Fähigkeit, zu erkennen, ob das, was man denkt, wahr ist oder nicht. Dieses *Unterscheidungsvermögen* hat mit Gefühl zu tun. Solange es sich bei den Gefühlen jedoch um *subjektive Empfindungen* handelt, kann man sich nicht auf sie verlassen. Deshalb haben wir in den bisherigen Übungen eine Reihe von Maßnahmen ergriffen, um das *objektive Empfinden* in den Vordergrund zu stellen und so die Wahrheitsfindung zu gewährleisten. Ich habe das Beispiel des Satzes von Pythagoras, seinen Beweis und das Beispiel eines Textes angeführt. In beiden Fällen ist die Wahrheit offensichtlich. Und doch ist es nicht sofort erkennbar. Man muss wirklich selbst nachdenken, um die Wahrheit herauszufinden, und wir haben festgestellt, dass dabei das Gefühl 'Ja' oder 'Nein' oder 'Ich weiß nicht' die entscheidende Stimme hat. Das ist etwas, was man auf der Suche nach der Wahrheit und nach einem Weg, diese Wahrheit von der Unwahrheit zu unterscheiden, in einem viel größeren Bereich üben muss, als ich hier in diesem kurzen Text aufzeigen konnte. Es geht darum, Inhalte immer wieder zu überdenken und zu lernen, auf das objektive Gefühl zu hören. Das objektive Gefühl spricht besser, klarer, nachdem Sie die ganze Reihe von Übungen gemacht haben und wieder anfangen. Sie werden dann feststellen, dass Sie Ihre Gefühle, die *außerhalb* Ihrer persönlichen Gefühle sprechen, viel deutlicher wahrnehmen. Es kann sehr gut sein, dass Sie noch nicht in der Lage sind zu sagen, 'das ist wahr' oder 'das ist nicht wahr', und dass Sie dennoch Fortschritte gemacht haben, was sich darin zeigt, dass Sie beginnen, Ihre Gefühle zu spüren. Dass sie nicht gleichsam in Ihnen aufsteigen und nicht erkannt werden, sondern dass Sie sie aufsteigen spüren und auch immer besser benennen können. Dann tritt das Denken wieder in den Vordergrund. Dann kommt es zu einer richtigen *Interpretation* des Gefühls. Aber wenn Sie diese tiefere Ebene in Ihrem Gefühlsleben erreicht haben, dann ist das 'Denken' über das Gefühl im Allgemeinen nur noch eine Frage der Bestätigung. Dann ist das Bedenken nicht wieder ein Hinterfragen, sondern es ist ein Bewusstwerden dessen, was man mit dem Gefühl weiß.

Die zweite Qualität im Leben der Gefühle ist die *Wahrhaftigkeit. Authentizität.* Das ist etwas, das man erst in sich selbst erwecken muss, bevor man über die Authentizität anderer urteilen kann. Natürlich tut man das in gewissem Sinne schon, indem man Urteile fällt, aber eigentlich kann man das nicht, wenn man die Qualität der Wahrhaftigkeit nicht durch und durch kennt. Man ist *unwahr*, wenn man vorgibt, etwas zu sein, was man nicht ist. Das bedeutet nicht, dass man alles, was man fühlt, äußern und ausleben muss.

Es ist ein Missverständnis, dass dies die reine Spontaneität wäre. Es kann durchaus sein, dass Sie eine Abneigung gegen jemandem empfinden, ihm aber aus dem Weg gehen und trotzdem freundlich sind.

Das ist nicht unwahrhaftig, es ist nur dann unwahrhaftig, wenn es eine leere Darstellung ist. Wenn man sich selbst also nicht einbezogen hat, wenn man nur eine Maske aufgesetzt, aber dahinter immer noch die gleiche Abneigung hat. Man kann also sehr wohl wahrhaftig sein, wenn man sich anders verhält, als es das unmittelbare Gefühl einem sagt. Aber dann muss sich diese Wahrhaftigkeit darin zeigen, dass man mit seiner vollen Empfindung seine Freundlichkeit, sein Verständnis oder was auch immer man von sich geben möchte, ausfüllt. Dann wird die ursprüngliche Abneigung durch die Positivität überwunden. Unwahrhaftigkeit hat eigentlich immer damit zu tun, dass man eine Rolle spielt, in der man nicht man selbst ist. Es ist eine Aufführung. Es ist nicht angenehm, einem solchen Stück beizuwohnen. Man ist dann in der Tat ein Lügner, denn man ist nicht in Wahrheit der, der man ist. Man spielt eine Rolle. Ein guter Schauspieler füllt diese Rolle mit seinem eigenen Willen aus. Auf diese Weise kann man sogar als Schauspieler wahrhaftig erscheinen. Ein schlechter Schauspieler bleibt entweder zu sehr er selbst und erreicht nicht den Punkt, die Person, deren Rolle er spielt, auszufüllen, weil das eigene Ich die Rolle sozusagen wie einen Mantel anzieht, oder die Rolle wird gespielt, aber abstrakt. Wie eine Lektion zu lernen, die einem nicht interessiert. Wahrhaftigkeit hat mit *Engagement* zu tun, mit voller Präsenz im

Verhalten. Wir haben das noch nicht wirklich praktiziert. Wir werden nun, nachdem wir fähig geworden sind, im Unbefangenen zu sein, diese Unbefangenheit weiter zur Wahrhaftigkeit führen.

Eine dritte Qualität des Gefühlslebens ist die *Liebe*. Man könnte die Liebe aber auch als eine Eigenschaft des *Willens* bezeichnen. Ohne Willen, das heißt ohne *Engagement*, gibt es keine Liebe. Wahre Liebe ist kein lüsternes Gefühl der Sympathie. Liebe hat etwas mit *Selbstvergessenheit* zu tun, mit der Aufopferung des eigenen Ichs für etwas anderes oder für einen anderen Menschen. Das ist der Willensaspekt der Liebe, aber es ist auch eine Frage des Gefühls, denn im Gefühl haben wir gelernt, mit subjektiven Gefühlen zu kämpfen. Diese stehen der wahren Liebe immer im Weg. Wahre Liebe wird empfunden, weil etwas anderes als man selbst an ihre Stelle tritt. Und dass das, was jeder Mensch hat, die Selbstliebe, in gleichem Maße oder in noch größerem Maße für den anderen empfunden wird. Erst wenn dies der Fall ist, wird es auch möglich sein, Wahrheit und Unwahrheit durch das Gefühl zu unterscheiden. Liebe ist eine unbeschreibliche Eigenschaft. Ich habe bereits in meinem Buch 'Warum sollte ich meditieren' versucht, die Liebe zu beschreiben. Dort habe ich nur einen unzureichenden Ansatz für die Liebe gefunden, und so wie ich ihn jetzt hier schreibe, ist er auch völlig unzureichend, um darzustellen, was wahre Liebe wirklich ist. Wenn man einen Menschen liebt, dann liebt man seine Inkarnation. Das meine ich wörtlich. Ich meine die Art und Weise, wie diese Person sich mit seinem Körper präsentiert. Und das ist ein umfassender Prozess, der niemals eine vollendete Tatsache darstellt. Es ist nicht eine Tatsache, dass jemand gut aussieht, gut gekleidet ist, intelligent ist oder gut Geige spielt. Solche Tatsachen sind es nicht, aber es ist der

Prozess, durch den sich die *Individualität* im *Körper* offenbart. Und dazu gehören all diese Dinge, wie gut aussehen, sich gut anziehen und schön Geige spielen. Aber die Liebe sieht nicht das Ergebnis, die Liebe sieht den Prozess. Und wenn man das in jedem Menschen sehen könnte, dann würde man sie alle lieben, denn jeder Mensch ist in dieser Hinsicht ein Wunder: Wie er oder sie morgens, wenn er oder sie aufwacht, wieder diesen Leib anzieht, um sich so herrlich zu offenbaren, auch wenn es gar nicht klappt, weil der Betreffende frustriert ist, weil er oder sie sich nicht zu erkennen gibt, wenn man selbst nicht so recht sehen kann, mit wem man es eigentlich zu tun hat. Wenn man diesen Prozess miterleben könnte, würde man das Wunder auch in dem vergeblichen Versuch der Individualität sehen, sich zu offenbaren, und man würde von der höchsten, tiefsten und weitesten Liebe zu dieser Person erfüllt sein. Das Schicksal bringt einem in der Regel nur wenige Menschen im Leben, mit denen man das von Natur aus hat. Aber es gibt eine Möglichkeit, im Gefühlsleben so reif zu werden, dass man diesen Prozess in allen Lebewesen zuweilen spüren kann. Wenn man das könnte, dann wüsste man ohne weitere Lektionen, dass eine Pflanze ein völlig anderes Lebewesen ist als ein Tier. Vor allem aber würde man wissen, dass ein Tier ein ganz anderes Lebewesen ist als ein Mensch. Man könnte Tier und Mensch niemals einfach so in eine zeitliche Evolutionsfolge bringen. Denn der Prozess, durch den sich das Wesen offenbart, ist völlig anders. Und so wird man feststellen, dass die Liebe selbst die beste Lehrerin ist. Denn man schaut nicht mehr auf Ergebnisse und Fakten, sondern auf Prozesse. Darauf, wie sich etwas offenbart. Und in diesem 'Wie' lebt die Liebe dessen, der offenbart, und diese Liebe ist dieselbe wie die Liebe desjenigen, der sieht. Und in diesem Sinne gibt es immer eine totale Vereinigung beider Wesen, in der Liebe.

In dem meistgelesenen Buch der Welt, der Bibel, gibt es mehrere Hymnen auf die Liebe.

Ich erinnere mich an die Beerdigungszeremonie von Prinzessin Diana, bei der der damalige Premierminister Tony Blair aus der Bibel, aus dem Neuen Testament, eine Hymne an die Liebe las. Es war nicht das erste Mal, dass ich dieses Fragment hörte, aber es hinterließ einen unauslöschlichen Eindruck, so sehr, dass ich mich heute noch daran erinnere. Ich werde das Zitat hier wiedergeben. Aber dass die Hymne geschrieben wurde, ist mehr als zweitausend Jahre her, und wir als moderne Menschen gehen allmählich von der Wahrnehmung von Tatsachen zur Wahrnehmung von Prozessen über. Und der Prozess, sich im lebendigen Mantel der Materie zu offenbaren, ist zweifellos der wichtigste und durchdringendste Prozess, es ist die Liebe, die alles vereint.

1 Korinther 13, der Apostel Paulus über die Liebe

Das Hohelied der Liebe

1 Wenn ich mit Menschen- und mit Engelzungen redete und hätte der Liebe nicht, so wäre ich ein tönendes Erz oder eine klingende Schelle.
2 Und wenn ich prophetisch reden könnte und wüsste alle Geheimnisse und alle Erkenntnis und hätte allen Glauben, sodass ich Berge versetzen könnte, und hätte der Liebe nicht, so wäre ich nichts.
3 Und wenn ich alle meine Habe den Armen gäbe und meinen Leib dahingäbe, mich zu rühmen, und hätte der Liebe nicht, so wäre mir's nichts nütze.
4 Die Liebe ist langmütig und freundlich, die Liebe eifert nicht, die Liebe treibt nicht Mutwillen, sie bläht sich nicht auf.
5 Sie verhält sich nicht ungehörig, sie sucht nicht das Ihre, sie

lässt sich nicht erbittern, sie rechnet das Böse nicht zu.

6 Sie freut sich nicht über die Ungerechtigkeit, sie freut sich aber an der Wahrheit.

7 Sie erträgt alles, sie glaubt alles, sie hofft alles, sie duldet alles.

8 Die Liebe höret nimmer auf, wo doch das prophetische Reden aufhören wird und das Zungenreden aufhören wird und die Erkenntnis aufhören wird.

9 Denn unser Wissen ist Stückwerk und unser prophetisches Reden ist Stückwerk.

10 Wenn aber kommen wird das Vollkommene, so wird das Stückwerk aufhören.

11 Als ich ein Kind war, da redete ich wie ein Kind und dachte wie ein Kind und war klug wie ein Kind; als ich aber ein Mann wurde, tat ich ab, was kindlich war.

12 Wir sehen jetzt durch einen Spiegel in einem dunklen Bild; dann aber von Angesicht zu Angesicht. Jetzt erkenne ich stückweise; dann aber werde ich erkennen, gleichwie ich erkannt bin.

13 Nun aber bleiben Glaube, Hoffnung, Liebe, diese drei; aber die Liebe ist die größte unter ihnen.

BESINNUNG

FRIEDRICH SCHILLER

Es gibt einen Lehrer des Gefühls, der abschliessend erwähnt werden sollte, es ist ein Zeitgenosse von Novalis und Goethe. Novalis war ein großer Bewunderer von ihm, wie aus dem folgenden Zitat hervorgeht, das zugleich von einem sehr tiefen Gefühl zeugt:

'Wenn sie vernehmen können in den Geisteshöhen, die begierdelosen Wesen, die wir Geister nennen, solches Wort und solches Menschenwissen, wie sie von Schiller strömen, dann mögen wohl auch diese begierdelosen Wesen, die wir Geister nennen, einmal von dem Wunsche erfüllt werden, herabzusteigen in die Menschenwelt und hier verkörpert zu werden, um zu wirken in wahrer Menschheitsentwickelung, die aufnehmen darf solches Wissen, wie es von einer solchen Persönlichkeit strömt.'

Friedrich Schiller, 1759 - 1805

Dieser Lehrer hat versucht, mit Hilfe des Denkens auf-
zuzeigen, wie wichtig das Gefühl des Menschen ist. Und
er tat dies in etwa zwanzig Briefen über die ästhetische Erziehung des Menschen. Friedrich Schiller schrieb Prosa,
Theaterstücke und eine Reihe poetischer Texte, darunter
die 'Ode an die Freude'. Darin singt er von der Brüderlichkeit zwischen den Menschen. Dies veranlasste Beethoven,
seine neunte Sinfonie zu schreiben, die mit einer gesun-
genen 'Ode an die Freude' endet: 'Alle Menschen werden
Brüder'. Dieses Lied wurde schließlich zur Hymne der
Europäischen Union, und ich habe am Ende des Büchleins
'Lerne Denken!' dasselbe gesagt, nämlich dass diese himm-
lische Ode dadurch viel von ihrer himmlischen Qualität
verloren hat, aber andererseits ist ein solches Stück Musik
'unzerbrechlich' und bleibt außerordentlich bewegend und
nährend für die Seele.

In seinen Briefen über die ästhetische Erziehung des
Menschen beschrieb er die Polarität, die im Menschen
vorhanden ist, nämlich dass er einerseits dazu neigt, alles
in festen, ewigen Gesetzen zu denken, die nicht verändert
werden können, die zwar wahr sind, die aber gleichzeitig so
unbeweglich und unveränderlich sind, dass Freiheit in diesem Bereich eine Unmöglichkeit ist. In direktem Gegensatz dazu stellt Friedrich Schiller die Veränderlichkeit dessen fest, was man mit den Sinnen wahrnimmt. Es ist nicht
zwei Sekunden lang dasselbe, es ist ständig in Bewegung,
und während am anderen Pol der Drang zur Verewigung
besteht, gibt es an diesem Pol den Drang zur ständigen
Veränderung. Der Pol der Verewigung ist der Pol der Ver-
nunft, der Pol der ständigen Veränderung ist der Pol der
Sinneswahrnehmung. Und Schiller nennt den Drang nach
dem Einen den Drang, alles in Form zu bringen, und andererseits nennt er den Drang zur Veränderung den Stoff-

trieb, den Drang, alles im materiellen Dasein als veränderlich zu sehen.

Der Mensch könnte nicht leben, wenn es nicht ein Gleichgewicht zwischen diesen beiden Polen gäbe. Und dieses wiederum führt Schiller als den Bereich im Menschen ein, in dem sich Form und Materie austauschen, und dieses ist überall dort vorhanden, wo das ästhetische Element die Hauptrolle spielt, also in der Kunst. Es handelt sich um eine Tendenz, die ständig ein Gleichgewicht zwischen Form und Materie herstellt. Er nennt diese Tendenz *Spieltrieb*. Wir haben in den letzten Wochen daran gearbeitet, ohne es so zu nennen. Aber wenn wir lernen wollen zu fühlen, dann müssen wir lernen, auf diese Neigung zum *Spielen* zu hören. Ich habe schon mehrmals auf das Kind hingewiesen, bei dem man lernen kann zu spielen. Wenn man lernen will, wie man spielt, gibt es kein besseres Beispiel als das kleine Kind, das die Gegenstände untersucht und mit ihnen mit bewegter Sorgfalt und Staunen spielt. Von einem Nutzen kann hier keine Rede sein, auch wenn die Spielzeugindustrie versucht, ihn einzuführen. Das Kind zieht es vor, nutzlos zu spielen. Und das ist der Spagat zwischen Form und Materie: Wenn der Mensch sich zum Spielen bringen kann. Darin liegt das Lachen, der Humor. Darin liegt die Freude an der Fantasie. Dort ist man nicht ganz äußerlich, aber innerlich auch nicht an die Gesetze der Logik gebunden. Man spielt mit dem einen und man spielt mit dem anderen. Und wenn wir lernen wollen zu fühlen, müssen wir uns bewusst sein, dass eigentlich alles Fühlen eine Ähnlichkeit mit dem Spielen hat. Das Spiel mit den Texten, das Spiel mit den Gesprächen, das Spiel mit den Eigenheiten der Mitmenschen, das Spiel mit den Eigenheiten von sich selbst. Spielen Sie wie ein Kind, nicht wie ein Erwachsener, der die Dinge im

Spiel nicht ernst nimmt! Das Kind tut es: Es spielt, aber es nimmt das Spiel ernst. Es sind nicht die Gesellschaftsspiele, die ich hier meine, es ist nicht das Kartenspiel oder Monopoly, diese Art von Spiel ist nicht gemeint, obwohl das auch eine Ablenkung von der Form und der Materie sein kann. Gemeint ist damit das unbeschwerte, fantasievolle Spiel mit dem Leben. Wie könnte ein Komponist, ausgehend von einer bestimmten Tonart und einem bestimmten Thema, jemals eine Symphonie schaffen, wenn er nicht spielen würde? Und warum nennen wir es spielen, wenn wir ein Instrument, ein Musikinstrument, üben? Ich spiele Geige, ich spiele Klavier. Hier kommt die Tätigkeit, die wir ausüben, dem Spielen sehr nahe. Natürlich gibt es einen starken Formtrieb beim Spielen, denn wir müssen uns an das halten, was in den Noten steht. Dennoch ist es ein Spiel, denn innerhalb dieser Form kann man sich frei bewegen. Schließlich ist das Spielen ein *Ausdruck* von Gefühlen. Und das Gefühl spielt immer mit.

Auch diese letzten Worte können nicht das ausdrücken, was eigentlich gesagt werden muss. Aber in der Vielfalt des Gesagten wird vielleicht deutlich, worum es geht.

Dass ich in der Besinnung auf das, was über das Fühlenlernen gesagt werden kann, noch Schiller zitiere, hat damit zu tun, dass ich in diesem Buch jetzt einen letzten Versuch unternehmen will, das Fühlen für das Gefühl zu erwecken. Unsere Kultur ist eine Kultur des Denkens. Und auch eine Willens- oder Handlungskultur. Aber das Gefühl, wo die wirkliche Kultur lebt, wo Kunst und das sinnvolle Nutzlose zu finden sind, wird in unserer Kultur unterdrückt. Wenn das lange genug anhält, können die Menschen irgendwann nicht mehr *richtig* fühlen. Sie können wild werden, und sie können kalt werden. Sie können herzlos werden, und sie können hassen. Sie können lustvoll lieben. Aber das, was das eigentliche Gefühl ist, wird dann verdrängt. Und das hat bereits begonnen. Für viele Menschen ist es bereits schwierig, diesem Gefühl auf die Spur zu kommen. Es geht zunächst darum, das subjektive Gefühl kennenzulernen, und dann das wahre Gefühlsleben dahinter zu finden. Was ich damit sagen will, ist, dass zusätzlich zu den Übungen für das Gefühlsleben die Erkenntnis geweckt werden kann, dass dort, wo der Mensch spielt, seine wahren Gefühle geweckt werden. Das Gefühl gibt das Spiel, und das Spiel gibt das Gefühl. Schiller hat hervorragende philosophische Texte über diese Polarität geschrieben, in deren Mittelpunkt das Spiel steht[4]. Jeder der will, kann sie lesen, aber sie sind nicht einfach, und sie stammen aus einer Zeit, in der wir nicht mehr zu Hause sind. Aber die Natur des Menschen hat sich nicht so schnell verändert. Das Spielen bleibt eine Frage des Gefühls. Und neben unseren Übungen zum Erlernen des Fühlens sollten wir auch das *spielerische Element* nicht vergessen.

Um Zugang zu den Gefühlen zu bekommen, müssen wir auf der Seite des Denkens beginnen. Es gibt auch eine Willensseite, aber sie liegt weiter unterhalb der Schwelle des Bewusstseins und kann daher nicht erörtert werden, ohne zuerst die *wollende* Seite, die *handelnde* Seite, zu untersuchen. Wir werden dies im nächsten Büchlein tun. Wir werden das Gefühl dann finden, wenn es sich der Handlung zuwendet. Doch zunächst rufe ich den Leser mit den Worten auf: 'Lerne Fühlen!' In zwölf Übungen und einer Besinnung.

---

4 Friedrich Schiller, *Über die ästhetische Erziehung des Menschen.*